U0954786

成渝地区双城经济圈数字普惠金融发展时空演变及协同路径研究

刘 晗 刘 斌 赵晓磊 著

中国财经出版传媒集团
中国财政经济出版社
·北京·

图书在版编目（CIP）数据

成渝地区双城经济圈数字普惠金融发展时空演变及协同路径研究 / 刘晗，刘斌，赵晓磊著．-- 北京：中国财政经济出版社，2024.6

（成渝地区双城经济圈与区域协调发展丛书）

ISBN 978－7－5223－3192－8

Ⅰ．①成… Ⅱ．①刘… ②刘… ③赵… Ⅲ．①数字技术－应用－地方金融事业－发展－研究－成都、重庆 Ⅳ．①F832.771－39

中国国家版本馆 CIP 数据核字（2024）第 105364 号

责任编辑：彭　波　　　　责任印制：史大鹏

封面设计：卜建辰　　　　责任校对：张　凡

成渝地区双城经济圈数字普惠金融发展时空演变及协同路径研究

CHENGYU DIQU SHUANGCHENG JINGJIQUAN SHUZI PUHUI

JINRONG FAZHAN SHIKONG YANBIAN JI XIETONG LUJING YANJIU

中国财政经济出版社 出版

URL：http：//www.cfeph.cn

E－mail：cfeph@cfeph.cn

（版权所有　翻印必究）

社址：北京市海淀区阜成路甲 28 号　邮政编码：100142

营销中心电话：010－88191522

天猫网店：中国财政经济出版社旗舰店

网址：https：//zgczjjcbs.tmall.com

中煤（北京）印务有限公司印刷　各地新华书店经销

成品尺寸：170mm×240mm　16 开　11.5 印张　176 000 字

2024 年 6 月第 1 版　2024 年 6 月北京第 1 次印刷

定价：68.00 元

ISBN 978－7－5223－3192－8

（图书出现印装问题，本社负责调换，电话：010－88190548）

本社图书质量投诉电话：010－88190744

打击盗版举报热线：010－88191661　QQ：2242791300

前　言

成渝地区双城经济圈作为中国区域经济发展重要战略之一，肩负着带动西部地区实现经济社会高质量发展的重要任务。数字普惠金融作为一种数字产业和普惠金融融合的新业态，在助推经济社会高质量建设过程中发挥的促进作用日趋凸显。成渝地区双城经济圈数字普惠金融发展在系列政策指引下已经取得一定建设成效，未来发展关键在于与城市发展布局相结合，协调数字普惠金融发展的同时助力成渝地区双城经济圈高质量建设迈上新的台阶。

本研究聚焦成渝地区双城经济圈，围绕数字普惠金融发展政策轨迹、数字普惠金融发展趋势与特征、数字普惠金融发展空间网络演进、数字普惠金融发展影响因素及空间溢出效应、数字普惠金融协同推进路径等问题展开研究，旨在识别成渝地区双城经济圈数字普惠金融时空演变运行机理基础上，提出协同推进成渝地区双城经济圈数字普惠金融发展水平的实施路径。理论上，把社会网络理论运用于分析城市群数字普惠金融时空演变问题，有助于深化对城市群通过数字技术发展普惠金融的理论认识。实践中，一方面，识别成渝地区双城经济圈数字普惠金融发展空间关联网络中的重要节点城市，为寻找数字普惠金融发展着力点提供参考依据。另一方面，提出促进数字普惠金融协同发展的实施路径，为促进成渝地区双城经济圈数字普惠金融发展水平提升提供决策建议。

在中央政策引领和地方政策助推下，成渝地区双城经济圈数字普惠金融总体上呈现快速发展趋势，覆盖广度有所扩大，使用深度逐渐强化，数字化程度呈现波动上升趋势。数字普惠金融与京津冀地区发展水平大致相同，与长三角地区和粤港澳大湾区相比还存在一定差距。成渝地区双城经济圈内部不同城市之间数字普惠金融具有一定差距，从趋势上看差距有收敛的特征。数字普惠金融发展差距在跨行政区比较中表现为重庆市和四川省组内的差距，在都市圈比较中表现为成都都市圈和重庆都市圈、两翼地区的差距。

成渝地区双城经济圈数字普惠金融发展的空间联系日益紧密，网络密度不断提高，空间影响的互惠性保持稳定。数字普惠金融发展空间溢出呈现集中态势，“虹吸效应”有所增强，空间关联网络的关键节点呈多极分散趋势。数字普惠金融空间网络中具备较强空间外溢效应的节点主要分布在成渝地区双城经济圈内部的连接地带，能够更多从周边发展中受益的城市大部分在重庆范围内，资源传递关键节点城市主要集中在成渝地区双城经济圈的中部地带，核心地带位于以重庆主城为核心的重庆都市圈内部。

成渝地区双城经济圈数字普惠金融发展影响因素主要是经济水平、消费活力、产业结构和外贸发展，金融发展、城镇化和财政支出也起到一定影响作用。城市消费活力促进本地区数字普惠金融发展的同时，还对地理邻近城市、经济发展相近城市数字普惠金融发展产生正向空间溢出效应。经济水平在本地区数字普惠金融发展中起到积极作用，对地理邻近城市和经济发展相近城市有空间溢出效应。产业结构、对外贸易、金融发展和财政支出对本地区数字普惠金融发展起到促进作用，对地理邻近城市具有一定的空间溢出效应。

成渝地区双城经济圈数字普惠金融协同发展路径是要强化数字普惠金融支撑，夯实发展的条件基础，加快经济发展水平提升步伐，着力打造坚实金融发展基础，充分发挥政府支持经济作用，加快结构调整的步伐，推动三次产业结构有序升级，促进人口合理地向城市集中，继续加强对外贸易发展力度，激发消费市场的活力，发展高质量多元化消费业态，努力营造良好消费发展环境，加强消费市场的辐射引领力。建设空间网络关键节点，外引内培扩大金融机构规模，做大做强域内数字普惠金融服务，深化金融服务的数字化程度，实现与实体经济的有序联动，建设好空间网络中间节点，数字普惠金融的中心城市差异化发展，加强毗邻地区跨区域数字普惠金融合作，增强对邻近地区的数字普惠金融服务，重视网络边缘地带的发展，积极推动传统金融转型发展，加强数字普惠金融应用推广，与邻近城市开展金融的合作。增强空间网络连接密度，促进跨区域的数字普惠金融合作，推动数字普惠金融产品与服务合作创新，数字普惠金融机构加强业务活动的交流，以跨区域产业分工深化数字普惠金融合作，推进数字支持技术互联共享，加快数字普惠金融领域数字技术合作研发，深化城市间数字基础设施建设合作。政府做好制度保障工作，合作制定数字普惠金融战略，政府继续加强政策支持力度，加大发展数字普惠金融的财政投入，加强数字技术和金融人才的培养力度。

目　　录

第1章

导　论

1.1　研究背景及意义

1.1.1　研究背景

成渝地区双城经济圈的建设在中国区域发展板块上具有举足轻重的地位。成渝地区地处四川盆地，位处长江上游，东接湖北、湖南等中原地带，西与青藏高原相邻，南连云贵、北通陕甘，具有承东启西、连接南北的重要区位优势。为引领中国西部地区发展、拓展全国经济增长新空间，2016年，国家发展改革委、住房和城乡建设联合引发《成渝城市群发展规划》，该规划明确提出到2020年要将成渝城市群基本建成经济充满活力、生活品质优良、生态环境优美的国家级城市群，到2030年成渝城市群将完成由国家级城市群到世界级城市群的历史性跨越。随着政策的倾斜与实践活动的展开，如何有效引导成渝地区推进经济建设成为了重要课题。2020年1月中央财经委员会第六次会议提出要推动成渝地区双城经济圈的建设，在西部形成高质量发展的重要增长极。2020年10月，习近平总书记主持中共中央政治局会议时指出："当前我国发展的国内国际环境继续发生深刻复杂变化，推动成渝地区双城经济圈建设，有利于形成优势互补、高质量发展的区域经济布局，有利于拓展市场空间、优化和稳定产业链供应链，是构建以国内大循环为主体、国内国际双循环相互促进的新发展格局的一项重大举措。"2021年10月20日中共中央、国务院印发的《成渝地区双城经济圈建设规划纲要》明确了成渝地区双城经济圈建设的战略定位，即具有全国影响力的重要经济中心、全国影响力的科技创新中心、改革开放新高地、高品质生活宜居地。成渝地区双城经济圈的建设和经济发展将进一步改善区域要素配置模式，使得资源能够在公开高效的平台上积极交换，在发展城市经济的同时以辐射效应积极带动区域内其他城市协同发展，促进区域经济协调发展。

在区域经济社会发展的过程中，数字普惠金融能够起到越来越显著的作用。成渝地区双城经济圈的建设要求带动区域高质量发展，包含了经济发展、社会公平、创新创业等多个层面。从经济增长的角度来看，数字普惠金融能够有效照顾到金融弱势群体和金融欠发达地区，受益于数字技术与普惠性质，微观主体的金融交易成本和地区间的沟通成本在数字普惠金融的新型金融模式下明显降低，规模经济和金融排斥问题将得到有效改善，并进一步通过促进居民消费、投资和创业等方式带动区域经济快速发展。从融资约束的角度来看，传统金融部门长期存在的规模错配和领域错配的问题是制约经济主体发展壮大的一大难题，而数字普惠金融凭借其覆盖广度、使用深度和数字化程度的多层面协同发展，在欠发达地区和不易获得信贷支持的小微企业中能够发挥的作用更为明显。从企业创新的角度来看，首先，数字普惠金融带来的企业盈利水平的提高和借贷成本的降低使得企业有能力开拓更多的业务功能，并有更多的资源投入到研发部门做出异质化的产品。其次，数字普惠金融发展带来的银行业竞争也能使得众多金融机构推陈出新，从而激发市场潜力并提高市场化水平。最后，从缩小区域收入差距的角度来看，数字普惠金融所带来的益贫式增长能够防止不同区域、不同群体间的收入变化陷入“马太效应”，能够有效提高农民群体的非农收入，是解决收入不平等和提升社会福祉水平的有效发展方向。

为贯彻落实习近平总书记在中央财经委员会第六次会议上的重要讲话精神和党中央、国务院关于推进成渝地区双城经济圈建设的决策部署，充分发挥成渝地区双城经济圈的区位优势、产业优势、资源优势、生态优势，2021 年中国人民银行等部门联合印发《成渝共建西部金融中心规划》，计划建设中国西部金融科技发展高地，力争到 2035 年时稳固西部金融中心地位。在西部金融中心的建设过程中，数字普惠金融的发展至关重要，《成渝共建西部金融中心规划》明确指出："支持符合条件的境内外金融机构在成渝地区设立普惠金融专营机构，创新普惠金融产品和服务。构建成渝地区普惠金融指标体系，大力发展数字普惠金融。"在中国众多城市群当中，由于资源禀赋与前期整体发展方针的特殊性，成渝地区双城经济圈整体金融发展水平现阶段并不算高，主要依靠重庆主城和成都两个中心城市带动区域金融发展，但随着后发优势的逐渐显现，成渝地区双城经济圈数字普惠金融的发展速度、覆盖广度、使用深度和数字化程度均得到了有效提高，数字化支付手段在区域间得到了较好的普及，金融服务的覆盖面积不断扩大，数字支付业务和投资活动在居民生活中的地位日益提高，数字普惠金融在消费端和生产端的作用不断凸显，传统金融与数字技术、信息技术不断融合。随着成渝地区双城经济圈的建设，金融平台的建设和合作创新的机制不断完善使得成渝地区金融服务向着一体化的方向不断迈进，地方性金融机构的数量不断扩大、质量不断提高，在充分发挥市场机制和政府调控能力的情况下成渝地区双城经济圈数字普惠金融的发展和区域金融联系网络的链接将获得有效提高。

1.1.2 研究意义

本研究理论意义在于把社会网络理论运用于分析城市群数字普惠金融时空演变问题，有助于深化对城市群通过数字技术发展普惠金融的理论认识。现阶段，成渝地区双城经济圈金融网络建设尚不完全，城市与城市之间在金融发展上由点及面的联系与关系尚未得到较好的建立。社会网络理论着眼于节点的构成与联系，在构建网络关系的同时不断开拓新的合作对象与社会资源，在社会网络理论的逻辑下成渝地区双城经济圈内部的各大城市将依托数字技术和信息技术广泛联系、互联互通，突破地理条件所导致的沟通桎梏，并在顶层调控和基层交流的模式下积极打破行政壁垒，实现成渝地区双城经济圈一体化发展。

本研究实践意义在于：一是识别成渝地区双城经济圈数字普惠金融发展空间关联网络中的重要节点城市，为寻找数字普惠金融发展着力点提供参考依据。在已有的城市群发展实践中，区域增长极的出现和其他城市协调发展是区域发展均衡协调可持续的重要保障，而如何科学地测度各个城市的发展状况、演进趋势和发展潜力就成为了构建空间关联网络和建设重要节点城市的关键一步。二是提出数字普惠金融协同发展路径，为促进成渝地区双城经济圈数字普惠金融发展水平提升提供决策建议。成渝地区双城经济圈数字普惠金融空间关联网络的形成面临诸多障碍，信息不对称的现象与行政壁垒的存在一定程度上妨碍了区域内城市与城市之间的交流互通，而空间关联网络有赖于重庆主城和成都两座核心城市在纵向上的穿针引线和众多城市横向上的沟通交流，在关联网络的优化过程中如何保障市场积极发挥引导作用、政府发挥调控功能是成渝地区双城经济圈数字普惠金融空间关联网络优化必须解决的难题。

1.2 研究目的及内容

1.2.1 研究目的

本研究根本目的旨在识别成渝地区双城经济圈数字普惠金融时空演变规律基础上，提出优化空间关联网络以提高成渝地区双城经济圈数字普惠金融发展水平的有效路径。具体目标包括：一是掌握成渝地区双城经济圈数字普惠金融发展基本情况。科学地掌握并评估成渝地区双城经济圈数字普惠金融及其多维度指标的发展状况和演变趋势既是分析研究的前提，也是研究的重要目的之一，在清晰把握成渝地区双城经济圈数字普惠金融发展基本情况之后才能进一步研究其对成渝地区双城经济圈建设的影响。二是描绘成渝地区双城经济圈数字普惠金融空间关联网络。成渝地区双城经济圈一体化发展是经济圈建设的重要课题，对数字普惠金融空间关联网络的描绘将帮助认知数字普惠金融在成渝地区双城经济圈的协调发展状况与趋势，对重要节点城市的识别和潜在节点城市的构建将有效保障金融服务在成渝地区双城经济圈的公平性和效率性，确保金融活动对区域经济高质量发展的推动作用。三是识别成渝地区双城经济圈数字普惠金融发展影响因素及其空间溢出效应。数字普惠金融的发展受到经济社会发展中不同因素的影响，这些影响因素在数字普惠金融发展具有空间关联网络的条件下，其影响存在空间溢出效应，敏锐地识别出成渝地区双城经济圈数字普惠金融发展影响因素是保障数字普惠金融高效推行、行之有效的先决条件，针对性地改善外部环境和内部要素，为成渝地区双城经济圈的数字普惠金融发展和金融中心建设做好铺垫。四是提出协同促进成渝地区双城经济圈数字普惠发展的实施路径。针对成渝地区双城经济圈数字普惠金融空间关联网络现状和数字普惠金融影响因素，从政府、市场等多个主体出发，在纵向设计和横向建设等多个方面提出完善成渝地区双城经济圈数字普惠金融空间关联网络的实施路径，保障数字普惠金融的协调发展。

1.2.2 研究内容

本研究主要内容包括：

第一，成渝地区双城经济圈数字普惠金融发展历程与演进趋势。从数字普惠金融发展趋势和现状、数字普惠金融发展的区外比较、数字普惠金融发展的域内差距和数字普惠金融发展差距来源分解的动态变化这几个方面，对成渝地区双城经济圈数字普惠金融发展的基本状况进行描绘，在解析基本变化趋势的基础上同期对比京津冀、长三角等重要城市群数字普惠金融的发展，综合运用核密度估计、变异系数和 Dagum 基尼系数分解准确度量成渝地区双城经济圈数字普惠金融发展的域内差异。

第二，成渝地区双城经济圈数字普惠金融空间网络及演变趋势。基于数字普惠金融发展指数，以及覆盖广度、使用深度和数字化程度指数的数据，运用引力模型，从网络密度、节点度数和网络度数中心势、节点中间度和网络中间中心势、节点接近中心度等多个维度展开空间关联网络分析，分析数字普惠金融整体网络演进态势和关联网络中心势的变化，以及数字普惠金融空间关联网络中的关键网络节点。

第三，成渝地区双城经济圈数字普惠金融发展影响因素及其空间效应。构建成渝地区双城经济圈数字普惠金融发展影响因素的面板回归模型和空间回归模型，梳理影响数字普惠金融发展的经济水平、金融发展、城镇化、消费活力、产业结构、财政支出和对外贸易这些影响因素，实证测度不同影响因素对数字普惠金融及分维度指数的影响效应。在此基础上，分析影响因素的作用效果存在的空间溢出效应。

第四，推进成渝地区双城经济圈数字普惠金融协同发展的路径。在实证分析基础上，从强化对数字普惠金融发展的支撑、着力建设空间网络关键节点、增强空间网络连接密度、建立健全政府保障工作体系这 4 个方面，提出推进成渝地区双城经济圈数字普惠金融协同发展的具体路径，确保在夯实数字普惠金融发展基础上，通过成渝地区双城经济圈城市间的联动效应，在政府做好制度保障工作的助力下，实现成渝地区双城经济圈数字普惠金融的协同发展。

1.3 研究方法和资料

1.3.1 研究方法

本研究的思路和方法如图 1 - 1 所示，研究方法包括：一是运用描述性统计分析法刻画成渝地区双城经济圈数字普惠金融总体发展趋势和细分维度变化，采用比较分析法对比成渝地区双城经济圈数字普惠金融与京津冀、长三角和粤港澳大湾区城市群的差距，综合使用核密度估计法、变异系数法和 Dagum 基尼系数分解法识别成渝地区数字普惠金融发展的内部差距。二是借助引力模型构建成渝地区双城经济圈数字普惠金融空间关联网络，运用社会网络分析法剖析空间关联网络整体演进趋势和关键城市节点发展。三是选择面板回归模型和空间回归模型，实证包括经济水平、消费活力、产业结构在内的影响因素对成渝地区双城经济圈数字普惠金融空间关联网络的影响效应及空间溢出效应。四是采用案例分析法借鉴国内外数字普惠金融协同发展的已有经验，运用政策分析法提出促进成渝地区双城经济圈数字普惠金融协同发展的实施路径。

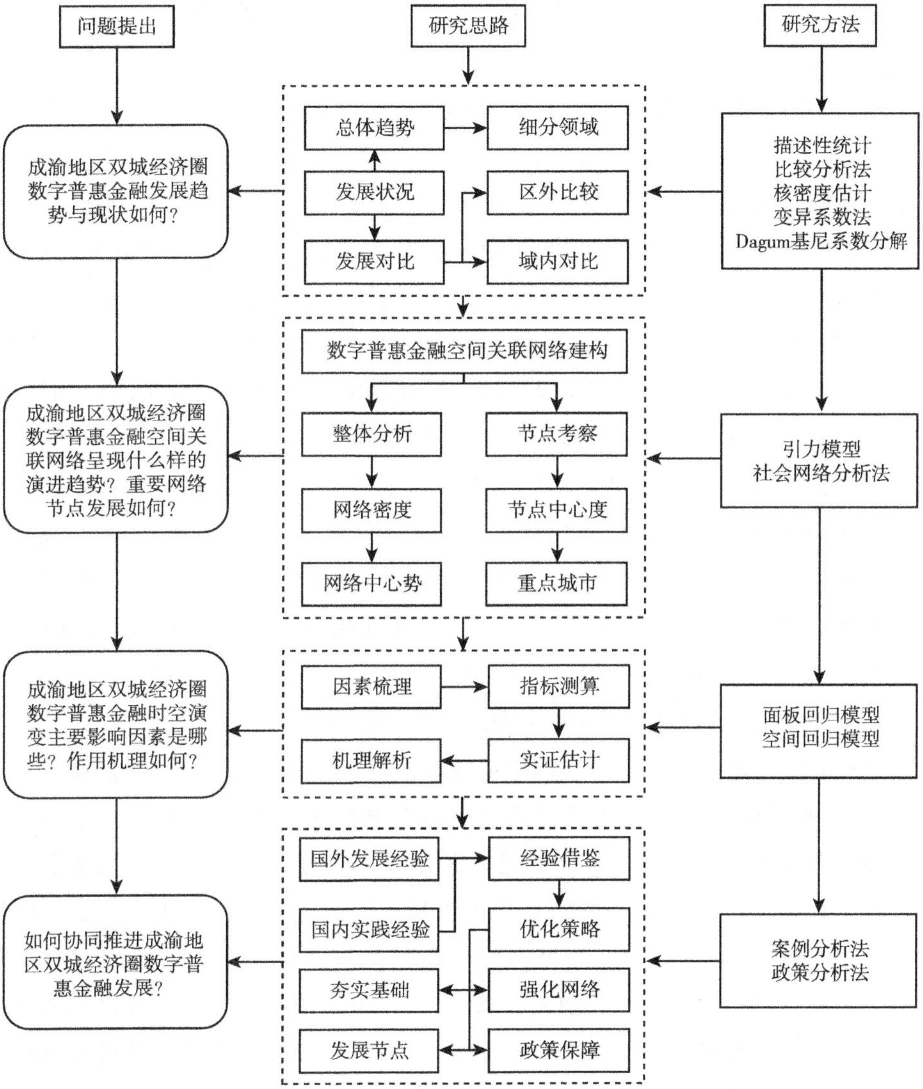

图1-1 技术路线

1.3.2 研究资料

本研究所采用的资料主要包括数据资料和政策文本两大部分：一是本研究采用的数据主要来源于北京大学数字金融研究中心发布的《北京大学数字普惠

金融指数（2011～2021）》，数字普惠金融指标体系涵盖覆盖广度、使用深度、数字化程度 3 个二级指标，以及包括支付使用、贷基使用、信贷使用、保险使用、投资使用、信用使用、移动化、实惠化、信用化和便利化在内的 10 个三级指标和 33 个具体指标，分为省级、市级和县域 3 个层面测算的指标数据，可以用于支撑成渝地区双城经济圈数字普惠金融时空演变的研究。此外，本研究在选取成渝地区双城经济圈经济发展数据时，数据来源于历年《中国城市统计年鉴》《重庆统计年鉴》和《四川统计年鉴》，城市地理信息数据来源于高德地图。二是本研究的政策文本主要包括《成渝地区双城经济圈建设规划纲要》《重庆四川两省市贯彻落实〈成渝地区双城经济圈建设规划纲要〉联合实施方案》《成渝共建西部金融中心规划》等成渝地区双城经济圈发展相关政策文件。

需要说明的是，根据 2021 年的《成渝地区双城经济圈建设规划纲要》，成渝地区双城经济圈规划范围包括：重庆市的中心城区及万州、涪陵、綦江、大足、黔江、长寿、江津、合川、永川、南川、璧山、铜梁、潼南、荣昌、梁平、丰都、垫江、忠县等 27 个区（县）以及开州、云阳的部分地区，四川省的成都、自贡、泸州、德阳、绵阳（除平武县、北川县）、遂宁、内江、乐山、南充、眉山、宜宾、广安、达州（除万源市）、雅安（除天全县、宝兴县）、资阳 15 个市。重庆区县与四川地级市在行政级别上属于同一个层次，但重庆区县和四川地级市在《北京大学数字普惠金融指数（2011～2021）》中测度统计不在一个维度层次。对此，本研究数据分析采取的方式是统一以《北京大学数字普惠金融指数（2011～2021）》中的县域层面数据为基础，重庆中心城区称为“重庆主城”，数字普惠金融及分维度指数取渝中区等 9 个中心城区的平均值，同时把开州和云阳数据也纳入分析，共计 21 个城市，四川地级市数据通过计算市辖区数字普惠金融及分维度的平均值得到，同时在获取其他经济发展指标数据时，也尽可能以市辖区统计口径的数据为主，共计 15 个城市，最终得到总计 36 个城市的数字普惠金融及经济发展数据指标进行实证分析。

1.4 研究的边际贡献

与现有相关研究相比，本研究的边际贡献主要体现在：

第一，聚焦成渝地区双城经济圈的数字普惠金融时空演变趋势及特征，为研究国家战略实施下的特定区域经济社会发展现状提供范式参考。成渝地区双城经济圈经济社会发展具有一定的典型性，一方面，在国家区域战略加持下，具备集聚周边资源的能力，另一方面，由于地处西部地区，成渝地区双城经济圈内部资源亦会受到来自东部地区的吸引，对这样一个特定区域经济社会发展问题的研究，有必要从总体发展、域外比较、内部差异等多个维度及其时序变化来进行综合考量。本研究以数字普惠金融发展为例，关注数字普惠金融这种信息技术与普惠金融融合新业态在空间上的发展问题，从数字普惠金融发展历程和态势、数字普惠金融发展差距及趋势、发展差距来源分解及动态变化，刻画成渝地区双城经济圈的数字普惠金融时空演变趋势及特征，在分析范式上可以为其他研究特定区域经济社会发展变化趋势的研究提供参考。

第二，把社会网络分析法和空间回归模型共同用于成渝地区双城经济圈数字普惠金融空间关联及演进的研究，在研究方法上有所拓展。社会网络分析法的优势在于描述发展的空间网络特征，以及关键节点的作用识别。空间回归模型的优势是在考虑空间关联性条件下，量化不同因素对因变量的作用程度及空间溢出效应。综合使用上述两种方法，可以更加全面地描绘经济社会发展的空间网络特征，识别关键影响因素起到的影响作用，以及这种作用通过空间关联网络产生的溢出效应。本研究结合社会网络分析法和空间回归模型两种方法，基于网络密度、网络中心势等指标剖析成渝地区双城经济圈数字普惠金融空间关联网络演进态势，通过出度中心度、入度中心度、接近中心度、中间中心度等指标刻画空间关联网络中重要节点城市的作用发挥，识别经济水平、消费活力和产业结构等因素对成渝地区双城经济圈数字普惠金融的影响程度和空间溢出效应，能够在方法拓展运用下发现一些新的研究结论。

第2章

文献综述与理论基础

2.1 文献回顾与述评

2.1.1 关于数字普惠金融的研究进展

国内外学者围绕数字普惠金融的研究，主要集中在数字普惠金融及其演进趋势、数字普惠金融的作用和意义、数字普惠金融发展影响因素这3个方面，已形成系列研究成果。

1. 数字普惠金融及其演进趋势。

关于数字普惠金融及其演进趋势的研究，学者们做了诸多探索，主要内容包括：

第一，数字普惠金融概念内涵。数字普惠金融是一个多维复合概念，兼具数字金融和普惠金融的特征。张伟（2011）对普惠金融特征进行研究，认为普惠金融在定义上被界定为能有效为社会所有阶层和群体提供金融服务的金融体系，在发展历程上普惠金融则是在小额信贷和微型金融的基础上发展而来的，21世纪初联合国和世界银行提出要将小额信贷和微型金融整合到主流金融体系之中，才使得普惠金融逐步成为一个相对完整的金融体系，而在这期间也经历了由扶贫到机构自身可持续发展的转变。黄益平和黄卓（2018）在对数字金融的研究中刻画其概念内涵，不同于着重互联网公司的互联网金融和突出技术特征的金融科技，数字金融在概念上显得更加中性，随着信息化、数字化技术进入金融领域，传统金融机构与互联网公司利用数字技术实现了融资、支付、投资和其他新型金融业务模式，这也是广泛意义上的数字金融模式。汪亚楠等（2020）的研究认为，在数字金融和普惠金融的基础之上，数字普惠金融是二者相结合的产物，以其普惠性和数字性多种类、高覆盖、低成本、高便利地为广大居民提供包括数字化支付、消费信贷、互联网保险等金融产品服务。对于数字普惠金融概念内涵的量化指标，从对普惠金融的多维指标刻画，如以银行业的金融服务为主的指标体系（陈银娥等，2015）和包含移动支付在内的金融服务指标体系（焦瑾璞等，2015），逐步发展到从数字金融覆盖广度、数字金融使用深度和普惠金融数字化程度 3 个维度共计 33 个指标测度的中国数字普惠金融发展指数（郭峰等，2020）。

第二，数字普惠金融发展趋势。学者们运用较为成熟的数字普惠金融指标体系，对数字普惠金融发展趋势进行研判。在全国层面的研究上，孙玉环等（2021）通过分析 2013～2018 年省级面板数据，发现中国数字普惠金融发展程度呈现逐年上升的趋势，数字普惠金融发展态势良好。在区域层面上，学者们围绕特定地域范围内的数字普惠金融发展趋势开展研究。李婵娟等（2022）对 2011～2020 年长江经济带 108 个城市数字普惠金融发展的研究结果显示，长江经济带整体，以及上游、中游、下游地区数字普惠金融水平都呈现逐年上升趋势。张晖（2020）聚焦县域层面，分析 2014～2018 年江苏省 43 个县域地区的数字普惠金融发展，结果发现江苏省县域数字普惠金融发展水平逐年上升，但发展速度有所减缓。除了对数字普惠金融发展趋势的刻画描述外，学者们还对数字普惠金融发展的收敛性进行研判。王善高等（2022）对 2011～2020 年中国数字普惠金融指数的研究结果表明，数字普惠金融指数、覆盖广度指数和使用深度指数在全国范围内趋于收敛，数字化程度指数则趋于东中部、西部的俱乐部收敛。张龙耀和邢朝辉（2021）基于 2014～2018 年县域层面数字普惠金融数据的分析结果表明，农村数字普惠金融的发展越来越具有趋同之势，整体发展水平上升明显，且农村内部相对差异总体呈现出下降趋势。解其昌和柏定川（2022）则是运用分位数动态收敛模型对 2011～2019 年地级市层面数字普惠金融数据进行分析，结果发现整体上数字普惠金融发展表现出收敛的趋势，进一步地，高分位地区数字普惠金融发展的收敛速度要快于低分位数地区。

第三，数字普惠金融区域比较。整体上看，中国数字普惠金融发展的区域差距呈现逐步缩小的趋势。如张嘉怡和胡志明（2022）对2011～2018年中国城市层面数字普惠金融数据的研究结果显示，数字普惠金融总水平，以及各维度发展的总体差异、区域内差异和区域间差异均呈现下降态势。有的学者关注数字普惠金融区域发展水平差距问题，从东中西部板块、国家重大战略区域、城市群等不同维度，比较分析数字普惠金融发展的差异。葛和平和朱卉雯（2018）对2011～2015年省面板数据的研究结果显示，数字普惠金融的发展整体上呈现出从东到西逐渐递减的区域发展格局，但也有少数地区例外。焦云霞（2022）针对京津冀、长三角、长江经济带、黄河流域和粤港澳五大国家重大战略区域的数字普惠金融发展进行了研究，研究结论显示，国家重大战略区域数字普惠金融发展的空间不平衡性呈下降趋势，从各个战略区域内部的差距来看，长江经济带内部差异性最小，京津冀内部差异最大。张德钢和朱旭森（2020）以中国九大城市群为研究对象，研究数字普惠金融的时空差异和动态演进，结果表明中国九大城市群数字普惠金融发展水平整体呈上升趋势，城市群的差距呈缩小态势，九大城市群数字普惠金融发展的空间差异则主要来源于城市群间的差异，在城市群当中，京津冀城市群由于存在北京、天津等发展较高的城市和邢台、衡水等发展落后的城市，在内部发展上呈现出更大的差异性。

2. 数字普惠金融的作用和意义。

在关于数字普惠金融发展的作用和意义的研究中，学者们形成以下主要观点：

第一，促进经济增长。学者们认为数字普惠金融发展的主要作用就是促进经济增长。黄益平（2021）认为，形成经济发展新格局需要技术创新和金融创新，涵盖大科技平台、大数据、人工智能、区块链、云计算等在内的数字技术运用于经济或者金融活动，有助于激发经济活力。从促进方式来看，数字金融的发展能有效降低微观主体的金融交易成本，缓解金融排斥的问题，通过规模效应和尾部效应解决了传统金融模式下规模不经济的问题，并以信息技术破解了金融服务不足的问题。同时，数字金融也将通过促进居民消费、技术创新和地区创业推动了社会经济的进步（钱海章等，2020）。Beck 等（2018）通过构建一般均衡模型，从理论上验证了移动支付能够通过提升创业，最终达到促进经济发展的目的。在实证研究领域，学者们从不同维度，实证检验数字普惠金融发展在促进经济增长中的作用。例如，易行健和周利（2018）在中国家庭的微观层面上验证了数字普惠金融发展对居民消费的促进作用。赵丽（2022）、李林汉和李建国（2022）选择省级面板数据，分别从创新驱动视角和经济开放视角，实证检验了数字普惠金融对经济高质量发展的促进作用。此外，还有学者实证分析数字普惠金融在经济体系内部不同组成部分的促进效应。如张林等（2023）对2011～2020年中国省级面板数据的实证研究结果表明，数字普惠金融对于促进民营经济增长具有促进作用。

第二，缩小收入差距。有的学者关注数字普惠金融在缩小收入差距上发挥的作用，认为数字普惠金融发展有利于缓解收入不平等问题。Gabor 和 Brooks（2017）认为数字普惠金融具备降低服务成本、扩大服务边界和提升服务质效的优势，是解决收入不平等和提升社会福祉的重要国家战略。在对中国城乡收入差距的观察中，学者们发现数字普惠金融发展确有利于缩小城乡收入差距。周利等（2020）、李牧辰等（2020）基于微观、宏观层面数据，实证测度数字普惠金融发展对城乡收入差距的影响效应，结果支持数字普惠金融有助于减少城乡收入差距的论点。罗春玲（2023）基于 CHFS 数据和北大数字普惠金融指数，通过构建共同富裕评价指标，实证分析数字普惠金融对共同富裕的影响，结果显示数字普惠金融发展能够减小城乡收入差距，促进共同富裕。从数字普惠金融缩小城乡收入差距的逻辑机理来看，主要是数字普惠金融能够显著促进低收入农村居民收入增长。谢升峰等（2021）、张前程等（2022）的实证研究结果显示，数字普惠金融发展水平越高，农村居民陷入相对贫困的情况越能得到缓解，数字普惠金融具有益贫式增长效应。刘丹等（2019）、杨伟明等（2020）从收入来源异质性视角出发，实证分析数字普惠金融对非农收入的影响，结果表明数字普惠金融可以显著促进农村居民非农收入的增长，有利于加快缩小城乡收入差距。

第三，缓解融资约束。学者们通过运用中国数字普惠金融指数与A股上市企业的数据匹配，实证研究数字普惠金融在缓解企业融资约束中起到的作用。如任晓怡（2020）、袁鲲和曾德涛（2020）的实证研究结果表明，数字普惠金融有助于缓解企业融资约束，上市企业所在地的数字普惠金融发展水平对于其生产经营过程中的融资活动开展具有正向作用。滕磊（2020）对于中小板企业的实证分析，也同样得出数字普惠金融可以有效缓解企业融资约束的结论。在廖婧琳等（2020）的研究中，还关注数字普惠金融缓解企业融资约束作用的异质性问题，基于沪深两市A股上市企业的研究结果表明，数字普惠金融发展对企业融资约束存在显著的缓解效应，特别是有利于中西部地区和高管无政治背景企业融资约束的缓解，而企业社会责任水平能够起到显著的调节作用。有的学者除了分析数字普惠金融缓解融资约束所起到的积极作用外，还分析这种作用机制对于企业创新的影响效应。如万佳彧等（2020）、李国龙（2023）在对上市企业创新活动和转型升级的研究中，把融资约束作为中介变量，实证分析数字普惠金融影响企业创新的中介效应，结果表明数字普惠金融可以显著缓解企业融资约束，进而有效促进企业创新和转型升级。还有的学者专门分析数字普惠金融对农业生产经营主体融资的影响。如孔祖根和叶银龙（2016）基于数字普惠金融的丽水案例，发现依托现代信息技术和共享平台积极开发不同的金融创新产品，能够拓宽“三农”融资渠道，有效解决农民创业生产、农业产业化发展和农村经济社会发展的融资难题。

第四，助力科技创新。学者们从不同维度分析数字普惠金融对科技创新水平的影响。在区域层面的研究中，戴志敏等（2023）基于中国30个省份2011～2019年面板数据，基于数字普惠金融指数和构建的科技创新综合评价体系，测度数字普惠金融与科技创新的耦合协调水平，结果发现虽然在时序上科技创新进程滞后于数字普惠金融发展，但在空间上两者表现出集聚分布，具有正向关联效应。潘爽等（2021）基于城市层面研究了数字普惠金融对创新水平的影响效应，结果显示数字金融具有填平城市间创新鸿沟的普惠作用，这种作用在中小型城市中表现得更为明显，而在影响机制上数字普惠金融能够通过提高银行业竞争、提高市场化水平和提升市场潜力这三条路径推动创新水平的提高。在企业层面的研究中，赵晓鸽等（2021）基于2011～2018年沪深两市A股上市公司的数据，实证检验了数字普惠金融对企业创新的影响及其内在机制，结果表明数字普惠金融发展显著促进企业创新，其作用路径在于数字普惠金融可以有效缓解金融错配对创新活动的不利影响。上述研究结论同样适用于中小企业，喻平和豆俊霞（2020）、谢雪燕和朱晓阳（2021）分别围绕中小企业板和新三板上市公司开展研究，结果发现数字普惠金融有助于促进企业创新水平的提升。此外，数字普惠金融对于商业银行数字化创新同样具有促进作用。王诗卉和谢绚丽（2021）对157家商业银行2010～2018年的面板数据实证研究结果表明，数字普惠金融发展对银行的管理和产品的数字化创新行为均具有正向影响。

3. 数字普惠金融发展影响因素。

学者们分维度对数字普惠金融发展的影响因素进行研究，包括经济因素、社会因素和政府因素等层面。

第一，经济水平影响数字普惠金融发展。学者们从经济视角出发，探讨数字普惠金融发展的区域差异，发现经济发展水平与数字普惠金融发展关系密切。如蒋庆正（2019）对中国15个省市样本数据的实证研究结果显示，人均收入水平和城镇化水平是影响农村数字普惠金融发展的重要因素，它们与数字普惠金融发展呈现显著的正相关关系。杜敏哲和黄杰（2023）对2011～2020年中国数字普惠金融发展差异的实证研究也发现，经济发展差异是导致区域数字普惠金融发展差距的主要因素。也有学者的研究认为经济发展水平与数字普惠金融发展存在非线性关系，如葛和平和朱卉雯（2018）的研究就发现，地区的经济发展与数字普惠金融指数存在"U"形的关系。除了区域经济整体发展水平外，学者们还从传统金融发展规模入手，分析其对数字普惠金融发展的影响。李明贤等（2021）对湖南省县域数字普惠金融发展的空间格局演化与影响因素进行研究，实证结果表明传统金融发展水平对于数字普惠金融发展具有正向影响作用。焦云霞（2022）对中国数字普惠金融时空格局与区域差异的研究结果表明，不同地区数字普惠金融发展水平呈现收敛趋势，传统金融对于数字普惠金融发展的区域趋同具有显著的正向影响。

第二，社会关系及人口特征产生的影响。有的学者从社会关系、人口特征等维度，实证分析影响数字普惠金融发展的社会因素。在社会关系层面上，粟勤和杨景陆（2023）运用2011～2019年中国280个城市的样本数据，实证分析社会信用对数字普惠金融发展的影响，结果表明社会信用显著促进数字普惠金融发展，且存在通过促进金融科技创新和提升地区创业水平来促进数字普惠金融发展的作用机制。从人口特征的影响研究来看，张正平和陈杨（2021）基于2011～2018年的省级面板数据，实证分析人口老龄化对数字普惠金融发展的影响，结果表明人口老龄化显著抑制数字普惠金融的发展，其内在作用机制在于人口老龄化通过抑制互联网普及和增强风险厌恶来抑制数字普惠金融的发展。也有学者关注人口素质对数字普惠金融发展的影响。如郭妍等（2020）、任海军和王艺璇（2021）、刘原宏和杨治辉（2023）基于不同地域范围的数字普惠金融发展数据，实证分析人口素质对数字普惠金融发展的影响，结果表明，人口受教育程度及其金融素养水平，对于数字普惠金融发展具有显著的正向影响，人口素质的提升有利于数字普惠金融的发展。

第三，政府监管对数字普惠金融的影响。数字普惠金融作为一种自发的创新，在取得巨大成功的同时，也会引致市场混乱的产生，前者如二维码支付，后者如个体网络借贷，因而数字普惠金融的发展离不开政府的监督和管理（黄益平，2017）。胡滨（2016）认为，政府需要关注数字普惠金融发展面临的3个问题，包括：现有分业监管体制与金融业混业经营格局的错配问题、现有法律和监管规则的制定滞后于数字普惠金融的快速发展问题、金融创新与风险控制的协调问题。如何合理规制上述问题将会对数字普惠金融发展产生重要影响。黄益平和陶坤玉（2019）对中国的数字金融发展、影响与监管的研究结果表明，数字金融在中国得到快速发展的原因除了传统金融服务的供给短缺、数字技术的快速发展外，金融监管的相对包容也是主要因素，需要充分认识到政府监管对于数字普惠金融发展的影响，才能有利于实现鼓励金融创新、有效防控风险和保护消费者权益的三者均衡。除了从整体维度关注政府监管对数字普惠金融发展的影响外，还有学者从城乡差异的角度分析政府监管的影响作用。如星焱（2021）通过归纳中国农村数字普惠金融发展的4种模式，认为数字普惠金融对数字基础设施、金融生态和客体认知禀赋等提出更高要求，若不能满足这些要求，城乡之间的“数字鸿沟”将不可避免地出现，农村数字普惠金融的顶层设计、科技监管体系的建立会对农村数字普惠金融产生影响。

2.1.2 关于金融集聚及空间关联的研究进展

国内外学者在金融领域的研究成果如汗牛充栋，不胜枚举，具体到金融集聚及空间关联，研究成果主要集中在金融集聚影响及作用效应、金融发展空间及网络关联、区域金融协调发展的路径这3个方面。

1. 金融集聚影响及作用效应。

对于金融集聚产生的影响及作用效应，学者们主要从以下几个方面开展研究：

第一，金融集聚对经济增长的促进。学者们基于历史数据的回归分析，实证检验金融集聚与经济增长之间的关系，发现两者之间具有正向关系。如Greenwood等（2013）、李标等（2016）分别运用全球发展中国家和中国的数据，实证分析金融集聚对经济增长的影响，发现金融集聚显著促进经济增长。在对经济增长数量研究的基础上，还有学者分析金融集聚对经济增长质量的影响。如江红莉等（2023）基于2001～2017年中国30个省级行政区的面板数据，实证研究金融集聚对经济增长质量的影响效益，结果表明金融集聚显著提升经济增长质量。也有学者发现金融集聚对经济增长存在非线性的影响。如甘星和甘伟（2020）对中国粤港澳大湾区11个城市2000～2017年面板数据的实证研究发现，金融集聚对经济增长具有促进作用，但是这种作用随着金融集聚的加剧而减弱，金融集聚与经济增长之间呈现倒"U"形的关系。考虑到金融集聚对邻近地区经济社会发展产生的作用，学者们还特别关注金融集聚对经济增长的空间溢出效应。李红和王彦晓（2014）的实证研究结果表明，金融集聚规模是城市经济发展差异的重要原因，发达地区城市显著受惠于邻近城市金融集聚的外溢效应。孙志红和王亚青（2017）对我国西北五省数据的研究结果显示，金融集聚对经济增长有明显的正向溢出作用。周南南和林修宇（2020）对2003～2017年中国30个省区市的面板数据进行实证分析，同样发现金融集聚除了对本地区经济发展具有显著促进作用外，还对相邻地区的经济发展存在正向空间溢出效应。

第二，金融集聚对科技创新的推动。学者们在围绕金融集聚的实证研究中发现，金融集聚与科技创新具有密切联系。王文静和刘诗琳（2020）对中国30个省级地区2006～2016年金融集聚和区域创新能力耦合协调发展的实证分析结果表明，金融集聚和区域创新能力在一定区域范围内存在正相关关系，创新能力总体上滞后于金融集聚水平。华桂宏和陈雨佳（2022）对2010～2018年中国253个地级以上城市金融集聚与城市经济韧性的关系进行检验，把科技创新作为其中的中介变量，研究结果表明金融集聚能够通过提升科技创新水平，进而提高城市经济韧性，金融集聚对科技创新的影响效应具有异质性，城市规模越大，影响效应越强。也有的研究成果表明，金融集聚对科技创新的影响呈现非线性特征。徐欣和董洪超（2021）对2009～2019年中国31个省级行政区的面板数据的实证研究发现，金融集聚对科技创新存在非线性的倒“U”形影响，金融集聚的极化效应对科技创新的作用更加积极。陈向阳（2021）在对中国粤港澳大湾区11个城市2000～2018年金融集聚对技术创新影响效应的研究中，同样发现金融集聚对科技创新存在非线性的影响，表现为倒“U”形的特征。在此基础上，还有学者关注金融集聚与区域创新的空间溢出效应。谢丽娟等（2023）采用2011～2019年中国269个城市的面板数据，利用空间杜宾模型实证分析金融集聚对区域创新的空间效应，研究结果表明，金融集聚不仅能够有效助推区域创新水平的提升，还能够对邻近地区的区域创新产生空间正外溢效应。

第三，金融集聚对产业结构的优化。学者们关注到金融集聚对于产业结构会产生一定的影响效应，通过历史数据的回归分析加以验证，结论大多支持金融集聚会对产业结构产生显著影响，但是存在较为明显的异质性。朱玉杰和倪骁然（2014）在对2000～2011年中国270个地级以上城市数据的实证研究中，发现金融集聚对产业升级的影响存在较为明显的区域异质性，具体是金融集聚对于东部、中部地区产业结构合理化具有显著促进作用，但对产业结构高级化影响效应不明显，而在西部地区则是金融集聚对产业结构高级化产生显著正向作用，对产业结构合理化没有显著影响。于斌斌（2017）对2002～2012年中国285个地级以上城市统计数据的研究结果表明，金融集聚对于产业结构升级影响效应呈现区域差异，对东部、中部地区存在显著促进效应和空间溢出效应，在西部地区则没有明显效应；同时，金融集聚显著促进特大城市和大城市产业结构升级，但会抑制小城市产业结构升级。有的学者还专门分析金融集聚影响产业结构升级的中介机制。如王一乔和赵鑫（2020）对2009～2018年中国31个省级行政区的面板数据进行实证分析，结果发现金融集聚对产业结构省级具有明显的促进作用，这种作用可以通过技术创新水平的提高来实现。还有的学者关注金融集聚对于特定类型高端产业发展的影响。如叶阿忠等（2022）基于2008～2017年中国30个省级行政区的面板数据，实证分析金融集聚对绿色产业发展的影响，结果表明金融集聚对绿色产业发展具有正向的促进效应。

2. 金融发展空间及网络关联。

对于金融发展空间及网络关联的研究，学者们的研究成果主要集中在金融发展时空演化趋势、金融发展空间溢出效应和金融发展空间网络关系这几个方面，具体而言：

第一，金融发展的时间和空间变化。不同学者从不同维度出发，测度和分析金融发展时空演化趋势。在整体金融发展层面，高一铭等（2020）对中国金融业高质量发展水平测度及时空分布特征的分析结果表明，金融业发展质量不断提高，产出效率持续提升，但投入效率相对偏低，金融业发展的区域差异逐步缩小，但不平衡、不充分发展仍是常态。李琼等（2021）对中国普惠金融发展水平时空演变特征的分析结果表明，全国四大区域及各省普惠金融发展水平呈现波动上升的趋势，空间上逐步形成东西部地区高、中部地区低的"中部塌陷"的空间分布格局。在农村金融发展层面，陈银娥等（2020）对中国农村普惠金融发展进行测度分析，结果显示农村普惠金融指数逐年上升。张林等（2023）分析了2007～2019年中国30个省份的面板数据，结果显示农村金融高质量发展水平表现出稳定的逐年上升趋势，空间上具有一定的区域梯度效应和"高质量发展极"与"低质量发展陷阱"并存的集聚效应。在区域金融发展层面，张国俊等（2020）对广东省金融包容时空演化进行测度，结果表明总体上呈现波动增长态势，空间演化呈现"核心—边缘"格局，扩散效应不断增强，区际差异有所缩小。李天籽和韩沅刚（2022）对武汉城市圈科技金融效率的时空特征和趋同演化进行研究，结果发现考虑非期望产出的科技金融效率均低于未考虑非期望产出，科技金融效率均以武汉城市为中心且未发生迁移，城市科技金融效率“西北—东南”分布格局较为稳定。

第二，金融发展的空间溢出作用效应。学者们关注到金融发展除了会对本地区经济社会发展产生影响外，还会影响邻近地区的发展，但研究结论具有差别。有的学者发现，本地区金融发展有助于带动周边地区经济发展，具有正向空间溢出效应。如李林等（2011）的研究结果显示，金融发展具有明显的空间溢出效应，不同金融行业对区域经济增长空间溢出效应具有异质性，证券业集聚的空间溢出效应不显著，而银行业和保险业集聚有利于邻近地区经济增长。蔡强和王啟文（2023）对四川省金融集聚及其空间溢出效应的研究中，也发现银行业集聚对于邻近地区经济增长产生正向空间溢出效应。罗艺婷等（2023）的研究则是发现金融集聚对居民消费升级具有明显的正向空间溢出效应。部分学者研究结果显示，金融发展有效促进本地经济增长，在一定条件下能够对相邻地区产生正向影响。张浩然（2014）对 2003～2011 年中国 263 个地级以上城市的面板数据进行实证分析，通过建立空间杜宾模型检验金融集聚对本地和临近城市经济绩效的影响，结果表明金融集聚显著提高本地区全要素生产率，对周边城市也产生积极影响，但是影响范围有限，在 110～120 公里内显著。张兵和翁辰（2015）对 1997～2012 年中国 30 个省区市数据的研究结果显示，农村金融发展与贫困缓解具有非线性关系，短期来看邻近地区农村金融发展水平提高有利于缓解本地区农村贫困，但在长期来看则是存在抑制效应。也有的学者的研究结果显示，金融发展会对周边地区经济水平提升产生抑制作用。黄建欢等（2014）考察了金融发展影响区域绿色发展的机理，发现金融发展可以通过资本支持效应影响绿色发展，而反映资本支持效应的存贷比具有负向的空间溢出效应。唐松（2014）对 2001～2012 年中国 31 个省区市数据的考察结果显示，金融资源配置与区域经济增长差异之间具有空间溢出效应，外地金融资源对本地经济增长具有负面影响，且在东部、中部地区程度更大。李景睿和侯卓君（2023）对广东省居民收入的研究结果显示，数字普惠金融适配度只对本地区居民收入有积极影响，对周边后富地区则是产生消极影响。

第三，金融发展的空间网络及关联。学者们从不同空间范围研究金融发展的空间网络关系。从全国层面的研究上看，沈丽等（2019）对中国省际地方金融风险空间关联网络进行研究，结果发现地方金融风险空间网络是典型的“无标度网络”，省区市之间的关联关系分布不均匀，空间关联程度呈现波动中上升的态势。韩景旺和李林汉（2023）在测度 2011 ~ 2021 年中国 31 个省区市的金融创新水平的基础上，对金融创新的空间网络关联特征进行分析，结果显示金融创新的空间关联显著，江苏、上海、北京、浙江、广东和福建在金融创新空间关联网络中处于中心地位。李云燕和张硕（2023）对 2008 ~ 2020 年中国 31 个省区市绿色金融指数进行测度，进而分析绿色金融发展的关联网络演化，结果发现绿色金融发展空间关联网络密度、连通度与稳定性稳步提升，但整体关联度较低。从区域层面的研究上看，任会明等（2021）对 1979 ~ 2018 年京津冀、长三角、珠三角城市群金融网络的空间结构与演化特征进行分析，结果发现金融网络规模均呈现一定的增长趋势，城市群内部呈现明显的中心性效应，三大城市群内部均呈现出清晰的等级差异特征。化祥雨等（2016）对江苏省县域金融空间联系的研究发现，金融空间联系网络结构从简单的一体化“线型”空间网络结构发育成复杂的区域化“三角型”“网络型”空间网络结构。

3. 区域金融协调发展的路径。

学者们围绕区域金融协调发展的路径开展系列研究，研究成果主要集中在以下几个方面：

第一，以区域经济社会发展耦合协调促进金融发展。胡宏兵等（2012）实证研究了中国 2005 ~ 2010 年保险业和社会经济的协调发展状况，结果表明多数年份各个省区市的保险经济协调度仍然处于低度失调的状态，进而提出区域金融协调发展的路径，一是要统筹区域经济协调发展，促进保险业域经济的同步发展。二是对中西部地区采取适度倾斜的保险产业政策。三是鼓励成立区域保险公司，服务地方经济。四是转变发展方式，提升发展动力，促进保险资源均衡化配置。程翔等（2020）基于对中国 2007 ~ 2018 年省经济发展与科技金融政策的协调度分析，发现各地区经济高质量发展与科技金融政策的协调状况存在较大差异，提出注重区域经济高质量发展与科技金融政策的协调匹配，提升协调等级，构建两系统高效协调互动发展的机制。张芷若和谷国锋（2020）定量评判 2005 ~ 2015 年中国 30 个省区市的科技金融与区域经济发展耦合关联度，结果发展科技金融与区域经济发展耦合协调度处在初级协调阶段，耦合协调机制需进一步完善。刘钒和马成龙（2022）评价了中国2010～2019年省域绿色金融水平和经济发展水平的耦合协调程度，结果显示绿色金融和经济高质量发展的协调程度较低，但两者间的良性互动逐渐增强，建议政府要加快完善绿色金融政策体系，积极推进绿色金融区域协同合作，各级各类金融机构要创新绿色金融产品和服务，不同地区要因地制宜实施差异化绿色金融推进策略。

第二，立足跨区域金融影响效应推动协调发展。刘程军等（2019）对长江经济带区域创新与区域金融耦合协调的驱动力进行实证分析，结果显示耦合协调的信息邻近效应较强，具有明显的空间依赖性，提出以互联网驱动作为区域创新与区域金融耦合协调的实现路径是未来政策制定的着力方向。周立和陈彦羽（2022）对2005～2019年中国30个省级行政区数据进行实证分析，结果表明金融空间结构在不同地区对经济影响的表现不尽相同，提出要优化金融空间结构与实体产业结构匹配程度，发挥“有为政府”的政策指引功能和“有效市场”金融资源配置功能。薛畅等（2023）在对银行业的跨地联通与区域协同发展研究中，提出要着重巩固并发挥国有大型银行在规模优势、跨区域进行资金资源配置的优势功能，同时加强对稳健性较弱的中小金融机构的监管和风险控制，特别重视其跨区域业务的监管，以促进区域金融协调发展。王小华和周韩梅（2023）基于对中国291个地级市城市数据的实证研究结果，认为应该积极打造金融科技发展高度，通过自主科技创新和“有为”政府双轮驱动，引导金融科技发展摆脱传统金融发展的路径依赖，实现金融科技区域协调发展的路径创造。

第三，建构政策框架体系引导区域金融协调发展。王伟（2013）从政策性金融视角专门对区域金融协调发展进行研究，提出为实现区域金融资源的合理配置和协调发展，要合理地对我国中西部和东北欠发达区域与东部发达区域的政策性金融机构和商业性金融机构的职能进行科学定位，界定其业务范围，使二者业务相互补充、相互协调，共同构筑欠发达区域和发达区域金融支持体系的基本架构。刘倩等（2020）基于方言视角实证检验城市群政策能否促进区域金融协调发展，结果发现城市群政策有效提升了地区的金融发展质量，既提升了金融发展总量，又弥合了地区间的金融发展差距，提出促进区域金融协调发展，应该建立一个具有普适性与兼容性的信任制度，对城市群的划分和发展不仅要考虑地理距离，还要考虑文化距离，并建立更高水平的信用体系。王彩萍和李建平（2022）从国家金融视角出发研究现代金融体系理论的衍化和创新，解析金融市场要素体系、金融市场组织体系、金融市场法制体系、金融市场监管体系、金融市场环境体系和金融基础设施体系之间的逻辑关系，为区域金融协调发展提供理论遵循。

2.1.3　关于成渝地区双城经济圈数字金融的研究进展

随着成渝地区双城经济圈研究热度的提升，有学者开始专门关注成渝地区双城经济圈数字金融的发展问题，形成一些研究成果，主要集中在以下几个方面：

第一，成渝地区双城经济圈数字金融发展趋势分析。学者们通过构建数字金融发展指数，研判成渝地区双城经济圈数字金融的发展趋势。学者们主要是从全国层面研究城市群数字金融，在其中对成渝地区双城经济圈数字金融发展趋势进行考察。刘传明等（2017）对 2014 年 3 月 ~2015 年 12 月中国八大城市群互联网金融发展数据的测度结果表明，成渝地区双城经济圈互联网金融发展与其他城市群相比，内部差距较小，但从发展趋势上看没有明显的收敛趋势。安博文等（2022）实证分析了 2011 ~2018 年中国七大城市群数字普惠金融的空间分异与时空演化特征，结果表明成渝地区双城经济圈数字普惠金融发展水平较低，多数城市数字普惠金融发展水平还有待提升；同时，成渝地区双城经济圈数字普惠金融发展收敛于较低水平的状态。蔺鹏和孟娜娜（2023）分析了中国八大城市群在 2011 ~2019 年的数字金融发展时空分布及动态演进，结果表明成渝地区双城经济圈与其他城市群数字金融发展存在一定差距，城市群之间的差距表现为组间差距。刘晗和余熠帆（2022）专门分析了成渝地区双城经济圈 2016 ~2020 年 141 个县域地区的数字普惠金融发展时空分异及其收敛性，结果显示，成渝地区双城经济圈数字普惠金融发展水平不断提升，不同县域之间发展差距呈现先扩大后缩小的倒

"U"形趋势。发展差异主要来源于重庆和四川两个组群的内部差异，组群间净差异贡献有一定的上升趋势，长期来看数字普惠金融发展会趋于收敛。覆盖广度、使用深度和数字化水平等数字普惠金融具体指标的差异表现和收敛趋势具有一定差别。

第二，数字金融发展对经济增长及高质量发展影响效应。有的学者关注数字金融在成渝地区双城经济圈经济建设中的作用，形成一些研究成果。宋诚和李季刚（2022）利用2011～2019年成渝城市群面板数据，实证分析数字金融发展对经济高质量发展的作用效果及其空间效应，结果表明成渝城市群内数字金融发展可以促进城市经济高质量发展，但对于邻近地区经济高质量发展的影响效应则不显著。李彦等（2022）基于成渝地区双城经济圈2011～2020年16个城市的面板数据，系统分析数字金融对高质量发展的影响，发现数字金融整体上推动成渝地区双城经济圈高质量发展，对科技创新的影响程度最大，产业结构升级和消费需求改善是其中主要的传导路径。熊豪等（2023）基于成渝地区双城经济圈44个市、县（市、区）面板数据，实证探究数字金融对经济增长的影响及作用机制，结果显示，数字金融对经济增长的促进作用最为明显，其传导作用路径主要通过提升科技创新水平来实现；同时，数字金融的促进作用还具有一定的区域异质性。

第三，数字金融与经济社会发展的影响互动研究。学者们除了研究数字金融对经济增长影响外，还关注其与经济社会发展的互动关系。有的学者围绕数字金融对城乡收入差距、新型城镇化发展和小微企业融资问题展开研究。李琴和范丹（2022）以四川省和重庆市59个地区2016～2020年的数据为样本，实证分析成渝地区双城经济圈数字普惠金融对城乡收入差距的影响，结果表明，数字普惠金融发展有利于缩小城乡收入差距，且数字普惠金融影响存在空间溢出效应，不仅有助于缩小本地区城乡收入差距，也有助于降低周边地区的城乡发展不平衡程度。张林和肖娇（2023）基于2016～2020年成渝地区双城经济圈的数据，运用空间计量分析方法实证研究数字普惠金融对新型城镇化的影响，结果表明，数字普惠金融可以显著提升新型城镇化水平，这种影响具有"虹吸效应"，数字普惠金融发展在促进本地区新型城镇化发展的同时，会对周边新型城镇化水平的提升产生抑制效应。邓亚昊（2023）在对成渝地区双城经济圈互联网金融促进小微企业融资的研究中，提出要加强互联网金融监管，健全信用评价系统，拓宽融资渠道，建立现代化企业机制，以发挥数字金融在缓解小微企业融资难问题中的作用发挥。一些学者还关注科技创新对成渝地区双城经济圈数字金融发展的影响。刘晗和余熠帆（2022）对成渝地区双城经济圈16个城市2011～2020年的面板数据进行实证分析，测度科技创新对数字普惠金融发展的影响，结果表明，科技创新水平提高可以显著促进数字普惠金融发展，且这种影响具有明显的空间溢出效应，邻近地区科技创新能力提升有助于加快城市数字普惠金融发展步伐。陈永红等（2022）分析了成渝地区双城经济圈44个区（县、市）2014～2020年数字金融和科技创新耦合协调发展关系的演变，使用PVAR模型探讨数字金融和科技创新的动态互动关系，结果表明，数字金融和科技创新的耦合协调度逐年稳定增长，两者具有正向的相互作用关系。

2.1.4　已有文献的简要述评

已有研究成果的经验启示主要是：一是数字普惠金融已经有了比较规范的界定，在此概念界定下，学者们通过对多维指标体系的测度，衡量数字普惠金融演进趋势，大多数研究结果支持数字普惠金融快速向前发展的结论。同时，学者们也发现数字普惠金融发展存在较为明显的区域差异。二是学者们研究结果表明数字普惠金融发展能够促进经济增长、缩小收入差距、缓解融资约束和助力企业创新。同时，也受到包括经济发展水平、传统金融发展程度、人口与城镇化等因素的影响。三是金融集聚和空间网络关联产生的积极作用主要在于促进经济增长、推动产业创新和优化产业结构，金融发展在空间上表现为明显的空间关联效应，邻近地区金融发展之间具有相互影响、相互促进的关系。四是不同区域之间及区域内部的金融空间网络关联具有明显的差异性，区域经济发展水平整体上呈现波动上升趋势。对此，学者们认为可以通过政府和市场有效互动，通过科技金融、绿色金融等的耦合发展以促进金融协调发展。五是已有部分学者关注成渝地区双城经济圈数字金融发展问题，集中在数字金融发展水平测度、数字金融对经济影响等方面。

纵观已有研究文献，本研究的拓展主要体现在：一是在研究内容上关注数字普惠金融空间网络关联及其演变问题，尽管已有研究分别聚焦数字普惠金融、金融空间关联问题，但是鲜有研究把两者结合起来，分析数字普惠金融的时空演变趋势，考虑到数字普惠金融是数字技术支持下惠及广泛用户的金融产品和服务，其在空间上的联系和演变趋势相较于传统金融肯定体现出不一样的特性，有必要深入开展数字普惠时空演变特征的研究。二是在研究地域上聚焦成渝地区双城经济圈，目前关于成渝地区双城经济圈数字普惠金融的研究还比较少，且多数是在分析中国城市群的过程中附带分析成渝地区双城经济圈，较少研究专门围绕成渝地区双城经济圈开展，已有关于成渝地区双城经济圈的研究也较少涉及空间关联问题，亟待补充这些方面的研究。三是在研究方法上采用社会网络分析法，结合 Dagum 基尼系数分解、空间计量模型等方法综合研究成渝地区双城经济圈数字普惠金融时空演变及协同路径问题，在研究上突破已有相关研究在方法使用上的局限，有效刻画数字普惠金融发展空间关联及变化趋势，实现研究方法上的拓展。

2.2 理论借鉴

2.2.1 普惠金融理论

普惠金融在当前大多数发展中国家中得到了大力推行，其理论框架在不断的完善。从 20 世纪末小额信贷大规模兴起开始，普惠金融在各个国家发展的苗头越来越旺盛，自 2011 年 AFI 全球政策论坛的成功举办以来，接近 60 个国家加入了《玛雅宣言》，并开始尝试构建完善的普惠金融体系，而普惠金融的长期演化态势和路径选择成为了学者们不断尝试从理论上展开构建的关键议题。星焱（2016）在发展经济学和金融发展理论的基础上，尝试构建了普惠金融论，在概念的界定上，研究归纳了普惠金融的“5 + 1”原则，从可得性、价格合理性、便利性、安全性、全面性这 5 个核心要素和服务客体出发，界定了普惠金融的经济行为范畴，并将普惠金融理论界定为“以金融福祉分配的公平合理为原则，对金融发展的演化路径及其优劣予以分析和评价的经济理论”。

普惠金融理论中较为重要的一点是普惠金融与经济增长之间可能存在的作用机理，国外学者从微观经济行为和宏观经济行为上进行了一定的研究。在微观经济行为方面，普惠金融会对穷人和小微企业产生较为显著的影响，使得穷人与小微企业能够增加更多的收入、消费和投资行为，帮助小微企业快速扩大规模，而当普惠金融能够在微观层面上与就业、消费和投资产生重要关联时，也就可以影响到经济的发展（Karlan and Zinman，2010）。在此过程中，普惠金融作用存在一定的异质性。例如，Dupas 和 Robinson（2013）的研究得出了一个值得普惠金融发展过程中需要注意的问题，那就是基础金融服务存在一定的性别差异，在针对肯尼亚西部的研究中，贫困女性获得一个传统储蓄账户后经济行为将获得大幅度提升，即使金融服务存在高额的手续费用，而相应的金融服务对男性的影响则并不显著。

在宏观经济行为中，金融服务的贫富歧视是长期制约经济发展的重要原因，普惠金融如果能够改善金融中介和金融服务的歧视现象，经济增长将得到显著提高，社会公平也将得以完善（Demirgüç - Kunt and Levine，2009）。从相关的研究成果来看，这一论断基本获得了大部分学者的支持，Sarma 和 Pais（2011）的研究证实了金融普惠程度与经济社会的发展程度具有显著的同向变动关系，而居民的收入水平、社会的平等程度、文化发展、城镇化率都和金融的普惠程度有紧密的关系，并且对发展普惠金融来说，金融机构的产权形式比规范的银行体系更加重要。Ivatury（2009）也支持越是规范严格的银行，就越不倾向于涉足小微金融服务的观点。Kodan 和 Chhikara（2013）的跨国数据分析表明普惠金融指数每增加 1%，人类发展价值指数就会增加 0.142%，而金融服务的可得性、使用频率等都与贫困程度呈负相关关系。

2.2.2 产业集聚理论

产业集聚过程与经济增长过程是密切相关的，目前关于产业集聚理论的研究中，主要是围绕外生增长的集聚模型和内生增长的集聚模型这两部分展开的。

对于外生增长集聚模型的理论研究，Baldwin（1999）较早展开了集聚模型中经济增长问题的研究，认为集聚模型当中的产业布局的关键问题在于创造资本和损耗折旧，经济发达的区域通过资本创造使得资本的存量不断增加，在假设资本不流动的情况下区域的支出不断扩大，而经济衰退地区由于资本存在损耗和存量减少的现象，区域支出将出现萎缩，而正是由于这种支出的不同使得不同区域的资本收益率有所差异，资本收益率的差异又将影响资本份额在空间上的配置，资本的创造与折旧使得区域内出现了需求相关联的累积循环。因此，当资本积累一旦在某个区域开始，这个区域的经济环境就将发生变化，在对称均匀不稳定的时候，产业首先集中的区域将得到快速的发展，并进一步引导投资注入拉动区域经济增长，在一片区域中出现一个或数个经济增长极，增长极以外的地区陷入要素快速流出的窘境之中。然而，由于资本边际收益递减规律的存在，当新创造资本的回报率降低到与维持资本不变情形的成本相同时，资本的积累以及所能带来的经济增长也就停止了，此时经济增长便取决于其他因素，例如，技术进步等，也正因如此，这类产业集聚模型被称为外生增长的模型（高凤莲和段会娟，2010）。基于外生增长集聚模型的逻辑，为了避免长期经济增长陷入不得不依赖外生因素的不稳定状态，改变资本边际回报率递减的条件成为了关键。

在已有的内生增长的集聚模型中，研究多采用资本创新的成本随资本存量的增加而下降的前提假设，即把资本看作知识资本和人力资本，且这两种资本存在溢出效应。在内生增长集聚模型的理论研究中，存在 3 种典型的分析思路。一是假设知识溢出不受空间距离的影响，可以在全球范围内溢出，Baldwin 和 Martin（2014）的研究认为，在知识可以全球溢出的情况下，经济活动的区位对经济增长没有影响，因为溢出效应对于不同地区而言是完全相同的，此时需要其他的机制将集聚与经济增长联系起来。例如，创新部门与消费品之间存在市场关联、创新部门使用的制成品是基于差异性的中间品生产得出的（Yamamoto，2003）。二是假定知识溢出会随着空间距离的变化而衰减。Martin 和 Ottaviano（2001）以资本要素积累为假设分析产业集聚和经济增长关系的研究认为，在知识溢出受距离影响的前提下，内生的经济增长是集聚力的体现，区域在经济活动中占据的不同区位会影响到经济增长的速度，允许资本流动将改善极端的“中心—外围”的结果，产业集聚将促进长期的经济增长。三是福利层面的分析。内生增长的集聚模型认为，产业集聚将会在总体增长和区域公平之间产生一种福利平衡：产业集聚于创新活动活跃的区域，在促进区域经济增长的同时存在对外围区域的溢出效应，而当产业分布均匀的情况下运输成本所带来的福利损失是最小的，如果产业集聚区域对经济增长的正面效应能够补偿外围区域产业损失的负面效应，那么产业集聚总体而言也将有利于周边地区的发展。Cerina 和 Pigliaru（2007）的研究认为，产业集聚时各区域间的收入水平虽然有差异，但差异基本维持不变。

2.2.3　社会网络理论

科学研究大都关心事物的结构，从网络视角出发进行研究。布朗（1999）认为，科学中有一些重要的分析学科，每个学科研究某种或某类结构，其目的在于揭示所有的这类结构的特性。基于从结构维度开展社会科学研究的需要，社会网络分析从 20 世纪 30 年代开始逐步形成一个较为完善的体系。Scott（2000）对社会网络分析出现和发展的原因进行总结，一是社群图分析，通过图论方法的运用带来社会网络分析技术上的发展。二是人际关系的模式研究发展出的“派系”概念。三是乡村“社区”研究的深化，根本在于把数学和社会理论结合起来。White（1976）从数学角度进行社会结构的研究，使得社会网络分析在方法论及具体方法上得到重大突破。与其他研究方法相比，社会网络分析具有其独特之处。社会网络分析建立的重要基础是在互动的单位之间存在的关系非常重要，社会网络理论、模型及应用的基础都是关系数据，关系是网络分析理论的基础（Wellman and Berkowitz，1988）。Emirbayer 和 Goodman（1994）提出社会系统的运转取决于社会关系的观点，认为一个社会系统的有机团结并不依赖于对人的认知，而是依赖于在客观上可以确定的社会关系的相互关联和互动。从这个意义上看，社会网络分析不是一种“正式”的理论，更像是一种分析范式或者是视角。社会网络分析在经济发展中的重要拓展是社会资本论，社会资本是用来强化个体和企业行为规范的手段，作为一种社会资源，社会资本能够以网络的方式促进组织、部门之间的交流合作，帮助企业和个人快速获取所需要的资源，并且能够强化各个主体对社会网络的依赖，按照既有网络所形成的特征和规范积极寻找潜在的合作者，进而增加各社会主体的社会资本（Bourdieu，1987）。

2.3 核心概念界定

2.3.1 数字普惠金融

数字普惠金融本质上是运用数字化手段发展普惠金融，内核实质在于普惠金融，外在方式表现为数字技术。对于普惠金融，联合国将其界定为通过对基础设施的完善，在控制成本在可负担范围内，把金融服务扩展到欠发达地区和社会低收入人群，提供价格合理且具有便利性的金融服务，让金融服务可获得性惠及更多人群（唐亚晖和刘吉舫，2019）。对于数字金融，中国人民银行等部委将其定义为是传统金融机构与互联网企业利用互联网技术和信息通信技术，实现资金的流动、支付、投资和信息中介服务的一种新型金融业务模式（黄益平，2017）。在此基础上，数字普惠金融可以泛指一切通过使用数字金融服务以促进普惠金融的行动（胡滨，2016），是以各类数字技术为支撑对传统金融业务升级，或者创新金融产品服务形式，进而形成的新型普惠金融发展业态（星焱，2021）。综合以上已有对数字普惠金融的概念界定，本研究对数字普惠金融的定义是：以数字信息技术为手段，以提高金融服务覆盖面和可得性为目的，致力于把金融服务惠及欠发达地区和社会中低收入群体的一种新型金融发展业态。对于数字普惠金融的外延，参考北京大学数字金融研究中心课题组（2021）对数字普惠金融指标体系的构建，分为数字普惠金融覆盖广度、使用深度和数字化程度这 3 个外延维度。

2.3.2 空间网络演变

根据区域经济基本理论，区域经济在地理空间上表现为块状特征，形成的基础在于要素资源不可流动性、经济活动不完全可分性、商品交易和运输的空间障碍性、技术创新的区位锁定及溢出有限性。按照不同块状特征，地理上的连续空间被划分为若干经济上的离散空间。区域经济空间关联的存在基础是由于经济要素资源在区域地理空间分布上的差异性和复杂性，使得要素资源在不同区域之间发生流动、溢出，造成区域经济之间相互作用、相互影响，产生出不同的区域空间集聚形态和集聚程度（童纪新和张奇，2016）。对于成渝地区双城经济圈这个经济地理单元而言，其本质是以重庆主城区和成都市为核心纽带的城市群。城市群之所以能够成为支撑国家经济发展的重要载体，来源于城市群的基本空间单元，也就是城市之间关联互动形成超越各城市简单加总的合力，外在表现为一定的空间经济格局，内在源于具有密切的城际经济联系（尹虹潘，2019）。借助社会网络分析的理论，可以把城市联系的空间关联网络理解为一系列由节点、关联线和网络群构成的整体体系（李梦程，2021）。综合以上内容，结合本书研究成渝地区双城经济圈数字普惠金融发展的主题，把空间网络演变定义为：在以要素资源流动和产品服务运输产生的城市之间相互影响基础上形成的一种区域间“点—线”关系集合在时间维度上的变化。

第3章

成渝地区双城经济圈数字普惠金融发展历程与演进趋势

3.1 数字普惠金融发展历程和态势

3.1.1 发展历程的概述

成渝地区双城经济圈建设是2020年1月3日举行的第十九届中央财经委员会第六次会议提出的区域发展战略，在此次会议上，党中央作出以推动成渝地区双城经济圈建设，打造高质量发展重要增长极的重大决策部署，为成渝地区双城经济圈发展提供了根本遵循和重要指引。成渝地区双城经济圈发展战略的提出，与成渝地区双城经济圈独有的区位优势密不可分。从地理区位上看，以重庆主城区和成都市为双核的成渝地区双城经济圈位于“一带一路”和长江经济带的交点，同时又是西部陆海新通道的战略节点，是联通西南地区和西北地区的纽带，具有沟通东亚与东南亚南亚的独特区位优势。从资源禀赋上看，成渝地区双城经济圈自然资源充裕，能源矿产丰富，城镇密集度高，产业体系完备，科创基础牢固，市场空间广阔，开放程度较高，具备引领新时代西部大开发的禀赋条件，在国家发展大局中具有独特而又重要的战略地位。《2022年成渝地区双城经济圈经济发展检测报告》的统计数据显示，2022年成渝地区双城经济圈实现地区生产总值77587.99亿元，占国内生产总值的比重达到6.4%，占西部地区生产总值的比重为30.2%，地区生产总值较2021年增长3.0%，与全国增速保持一致。在金融领域，2022年成渝地区双城经济圈金融机构人民币存款余额达到14.57万亿元，较2021年增长11.1%，金融机构人民币贷款余额为13.16万亿元，较2021年增长12.3%。对于数字普惠金融发展而言，在中央政策的宏观引领和地方政策的推动落实下，得以快速发展。

1. 中央政策引领数字普惠金融发展。

成渝地区双城经济圈建设取得的成绩离不开中央政策的有力助力，改革开放以来，实施西部大开发战略，推动川渝两地发展，成为中国特色社会主义区域发展战略布局的重要内容。川渝两地跨省际合作肇始于1997年重庆成为直辖市，在此之前，重庆与成都同为原四川省的两大核心城市，两地的合作建设属于省级行政区内部协调发展的范畴，在重庆成为直辖市以后，川渝两地合作上升为两个省级行政区之间的合作。21世纪以来，党中央、国务院及相关部委，制定系列旨在促进川渝两地协同发展的政策措施，见表3-1。

表3-1　成渝地区双城经济圈发展重要的中央政策

年份	文件名称	发文机构
2000	《国务院关于实施西部大开发若干政策措施的通知》	国务院
2007	《国家发展和改革委员会关于批准重庆市和成都市设立全国统筹城乡综合配套改革试验区的通知》	国家发展和改革委员会
2011	《国务院关于成渝经济区区域规划的批复》	国务院
2016	《国务院关于成渝城市群发展规划的批复》	国务院
2021	《成渝地区双城经济圈建设规划纲要》	中共中央、国务院
2021	《成渝地区双城经济圈综合交通运输发展规划》	国家发展和改革委员会、交通运输部
2021	《成渝共建西部金融中心规划》	中国人民银行、国家发展和改革委员会、财政部、银保监会、中国证监会、国家外汇管理局、重庆市人民政府、四川省人民政府
2023	《关于进一步支持西部科学城加快建设的意见》	科技部、国家发展改革委、教育部、工业和信息化部、财政部、人力资源社会保障部、中国人民银行 、国务院国有资产监督管理委员会、海关总署、知识产权局、中国科学院、中国工程院、重庆市人民政府 、四川省人民政府

对于成渝地区双城经济圈数字普惠金融的发展，中央政策的引领主要体现在以下几个方面：

第一，支持成渝地区双城经济圈建设具有全国影响力的金融中心。《成渝经济区区域规划》中对于金融业发展作出专门规划，“提升重庆、成都区域性金融中心功能，构建辐射西南地区金融服务网络”。《成渝城市群发展规划》在发展定位中强调，“建设长江上游地区金融中心”。在《成渝地区双城经济圈建设规划纲要》的战略定位中，进一步要求“打造西部金融中心”。《成渝共建西部金融中心规划》则对成渝地区双城经济圈建设西部金融中心作出专门的规划。由此可见，中央政策对于成渝地区双城经济圈金融发展的定位持续提高，从区域性金融中心，到长江上游地区金融中心，再到西部金融中心，为数字普惠金融的发展创造良好的发展条件。

第二，支持成渝地区双城经济圈围绕“普惠”和“数字”进行金融创新。在《成渝经济区区域规划》中，要求川渝两地“形成统筹城乡的金融产业体系，全面推进农村金融产品和服务方式创新”。《成渝城市群发展规划》要求“完善区域金融服务网络，实现存取款等金融服务同城化”。《成渝地区双城经济圈建设规划纲要》进一步明确“积极支持区域金融改革创新”“鼓励创新开发适应农业农村发展、农民需求的金融产品，优化普惠金融发展环境”。《成渝共建西部金融中心规划》对数字普惠金融规范化发展作出要求，“构建成渝地区普惠金融指标体系，大力发展数字普惠金融”。从中可以看出，中央政策一直支持成渝地区双城经济圈在金融领域先行先试，围绕“普惠”和“数字”开展金融创新试点工作，有力促进成渝地区双城经济圈数字普惠金融的发展。

第三，支持成渝地区双城经济圈推进数字领域基础设施建设共建共享。在《成渝经济区区域规划》就已经对川渝两地数字基础设施建设作出部署，“建设重庆、成都数字城市，打造国家重要的数据灾备中心”。《成渝地区双城经济圈建设规划纲要》对成渝地区双城经济圈数字经济发展作出全面部署，要求“大力发展数字经济，推动数字产业化、产业数字化，促进软件、互联网、大数据等信息技术与实体经济深度融合，加快重点领域数字化发展”。《关于进一步支持西部科学城加快建设的意见》进一步提出，“推进国家新一代人工智能创新发展试验区、国家人工智能创新应用先导区、国家数字经济创新发展试验区建设”。得益于中央政策对数字基础设施建设的战略性布局，成渝地区双城经济圈信息化建设稳步向前推进，数字经济相互渗透，为数字普惠金融的发展奠定坚实基础。

2. 地方政策助推数字普惠金融发展。

重庆市和四川省在中央政策引领作用下，相继出台系列旨在落实中央决策部署，推动成渝地区双城经济圈建设的系列政策，涉及综合发展、毗邻地区发展、对外开放、水运交通、营商环境、绿色发展、消费市场、金融发展和生活服务等多个领域，为成渝地区双城经济圈建设提供具体的实施方案，主要的政策文件，见表 3－2。

表 3－2　　成渝地区双城经济圈发展重要的地方政策

年份	文件名称	发文机构
2020	《川渝毗邻地区合作共建区域发展功能平台推进方案》	重庆市人民政府办公厅、四川省人民政府办公厅
2021	《重庆四川两省市贯彻落实〈成渝地区双城经济圈建设规划纲要〉联合实施方案》	中共重庆市委、中共四川省委、重庆市人民政府、四川省人民政府
2021	《成都都市圈发展规划》	四川省人民政府
2022	《重庆都市圈发展规划》	重庆市人民政府、四川省人民政府
2022	《成渝地区联手打造内陆开放高地方案》	重庆市人民政府办公厅、四川省人民政府办公厅
2022	《成渝共建西部金融中心规划联合实施细则》	重庆市人民政府办公厅、四川省人民政府办公厅
2023	《推动成渝地区双城经济圈市场一体化建设行动方案》	重庆市人民政府办公厅、四川省人民政府办公厅

针对成渝地区双城经济圈数字普惠金融的发展，地方政策支持的着力点主要是在以下几个方面：

第一，鼓励川渝两地数字普惠金融跨区域协同发展。重庆市和四川省协力探索金融服务范围与行政区范围适度分离的发展策略，鼓励川渝两地数字普惠金融跨区域合作与建设。在《川渝毗邻地区合作共建区域发展功能平台推进方案》，对于两地的联动发展，专门提出“推动金融、能源、电信、医疗等服务范围与行政区范围适度分离”。《重庆四川两省市贯彻落实〈成渝地区双城经济圈建设规划纲要〉联合实施方案》中强调发挥政策的合力，“加强财政、金融、土地、产业、人才、投资等领域配套政策协同”。《成渝共建西部金融中心规划联合实施细则》对川渝两地数字普惠金融协同发展作出统筹安排，提出“依托‘1+2+N普惠金融到村’‘天府信用通’线上服务平台，提升数字普惠金融服务效能”。《推动成渝地区双城经济圈市场一体化建设行动方案》就川渝两地数字普惠金融示范区建设作出部署，“协同推进绿色金融改革创新试验区、普惠金融服务乡村振兴改革试验区、普惠金融发展示范区建设”。

第二，进一步扩大开放以集聚川渝两地金融资源。重庆市和四川省在联合发布的系列政策中，专门强调通过进一步扩大开放，以集聚金融资源，为数字普惠金融发展提供动力源泉。《重庆四川两省市贯彻落实〈成渝地区双城经济圈建设规划纲要〉联合实施方案》提出，“提升重庆、成都集聚金融要素、服务实体经济发展能力，发展壮大本地金融机构”。集聚金融资源的有效渠道就是扩大金融领域开放，为此，在《成渝地区联手打造内陆开放高地方案》中对金融开放发展作出要求，明确“扩大金融、科技、医疗、贸易和数字经济等领域开放”。《成渝共建西部金融中心规划联合实施细则》制定的重要任务中，专门要求“建设支持全球资本配置的内陆金融开放体系，提高服务国内国际双循环能力”。重庆都市圈和成都都市圈作为集聚金融资源的核心区域，提出相应政策部署。在《重庆都市圈发展规划》中是要“推动金融机构高质量集聚，加快江北嘴—解放碑—长嘉汇金融核心区建设”。在《成都都市圈发展规划》中是要“加快现代金融业集聚发展，支持成都开展共建‘一带一路’金融服务”。

第三，加强川渝两地金融创新与监管的协调联动。重庆市和四川省在出台的系列政策措施中，专门强调加强两地金融创新活动与监督管理的协调联动，为数字普惠金融发展提供助力和支持。在《重庆四川两省市贯彻落实〈成渝地区双城经济圈建设规划纲要〉联合实施方案》，围绕普惠金融创新，提出“推动区域金融改革创新，在科创金融、绿色金融、普惠金融等方面开展先行先试”，对于金融监管，提出“推进金融市场和监管区域一体化，推动在担保、不良资产处置等领域跨区域合作”。《成渝共建西部金融中心规划联合实施细则》对于普惠金融创新，提出“支持符合条件的境内外金融机构在成渝地区设立普惠金融专营机构，引导金融机构聚焦新市民、小微企业、个体工商户等主体的金融需求，创新普惠金融产品和服务”，针对普惠金融发展过程中可能出现的风险问题，提出“在金融科技、绿色金融、普惠金融和金融风险防控等领域率先开展探索，全面提升成渝地区金融标准发展水平”。《推动成渝地区双城经济圈市场一体化建设行动方案》专门提出“高标准建设成渝金融法院，推进金融司法一体化”。

3.1.2　整体发展的态势

在对成渝地区双城经济圈数字普惠金融发展历程回顾基础上，运用数字普惠金融指数，量化分析数字普惠金融整体发展趋势。

1. 数字普惠金融指数变化趋势。

成渝地区双城经济圈数字普惠金融总体上呈现快速发展趋势。如图3-1所示，2021年成渝地区双城经济圈36个城市数字普惠金融指数均值为115.53，与2016年的90.18相比，是6年前的1.28倍，反映出成渝地区双城经济圈数字普惠金融发展的良好态势。通过数据的观察可以发现，成渝地区双城经济圈数字普惠金融指数均值呈现稳步发展态势，与长期以来成渝地区双城经济圈数字普惠金融建设具有密切联系。首先，川渝两地充分发挥协同作用，使得域内数字普惠金融的覆盖广度不断提升，汇集更多的金融产品使用者，为数字普惠金融发展奠定良好基础。其次，基于成渝地区双城经济圈较大的消费市场，重庆和四川政府部门和金融机构有力推动数字普惠金融产品服务发展，实现金融产品和服务数字化、普惠化的深度发展，让生产和消费领域主体共享数字普惠金融改革创新的成果，有效提高数字普惠金融发展水平。最后，成渝地区双城经济圈政府部门和金融机构等主体的联系与合作，在基础设施互联互通、金融征信信息互联共享、移动支付宣传推广等领域实现有机互动，从而推动金融数字化程度持续加深，助力成渝地区双城经济圈数字普惠金融发展。

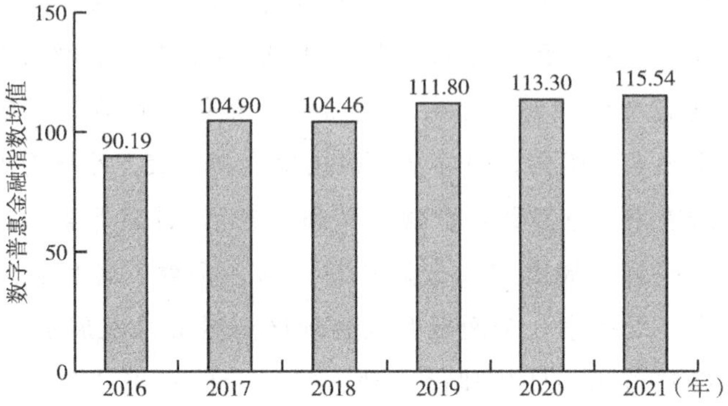

图 3－1　2016～2021 年成渝地区双城经济圈数字普惠金融指数均值的变化趋势

2. 数字普惠金融分维度指数变化趋势。

在对成渝地区双城经济圈数字普惠金融总体发展趋势识别基础上，根据数字普惠金融指数指标体系的划分，分维度考察覆盖广度、使用深度和数字化程度的变化特征。具体而言：

第一，成渝地区双城经济圈数字普惠金融覆盖广度有所扩大。如图 3－2 所示，2021 年成渝地区双城经济圈 36 个城市数字普惠金融覆盖广度指数均值达到 94.38，在 2016 年覆盖广度指数均值为 92.08，数字普惠金融覆盖面积得到一定程度的提升，表明成渝地区双城经济圈金融数字化和普惠化的覆盖面持续扩大，有效助推科技金融和传统金融融合发展。数字普惠金融覆盖广度的重要体现就是数字支付账号的覆盖率，随着成渝地区双城经济圈经济社会发展水平的不断提高，支付宝等数字化支付形式逐渐深入用户，体现数字化优势和惠及普通用户的支付账户快速增长，与传统的借记卡、贷记卡等金融服务相结合，加快城乡居民和社会经营主体的数字账户覆盖率。

第二，成渝地区双城经济圈数字普惠金融使用深度逐渐强化。如图 3－3 所示，2021 年成渝地区双城经济圈 36 个城市数字普惠金融使用深度指数达到 153.29，与 2016 年的 92.75 相比提升明显。在变化趋势上 2017 年和 2021 年是两个波峰点，2018 年相较 2017 年使用深度指数有所降低，但整体上是保持增长的趋势，说明成渝地区双城经济圈在数字普惠金融各个具体使用领域上的应用程度都得到明显提高。一是两地数字支付业务蓬勃发展，人均支付笔数和支付金额都有不同程度的增加，支付数字化程度深化明显。二是用户更加易于参与投资活动，扩展财产性收入来源，使得以余额宝为代表的数字化货币基金业务快速发展，数字技术提高用户便利性的同时，也通过降低投资门槛实现金融活动惠及普通大众。三是数字化、普惠化的信贷业务促进用户消费增长的同时，也为小微经营者的融资提供助力，从而使得数字普惠金融在消费和生产领域的运用更加深入。四是通过数字化的保险产品服务用户的频率不断提高，用户使用保险服务的门槛进一步降低，加深了用户使用数字普惠金融服务的同时，也提高了用户的抗风险能力。五是数字技术在金融领域的不断应用深化，集成用户信用信息，实现信用信息在金融、住宿、出行、社交等领域的广泛共享和应用，有效降低用户从事经济活动面临的交易费用，让用户更加愿意使用数字普惠金融服务。总体而言，数字普惠金融在不同领域产品和服务的深度开发，有效提高数字普惠金融使用深度的同时，加快成渝地区双城经济圈数字普惠金融发展步伐。

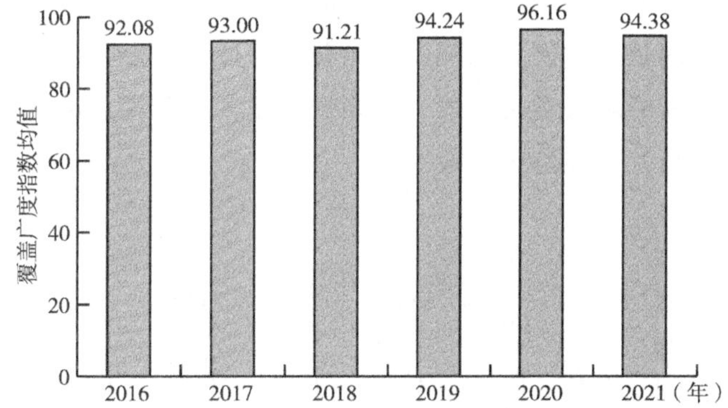

图3-2　2016~2021年成渝地区双城经济圈覆盖广度指数均值的变化趋势

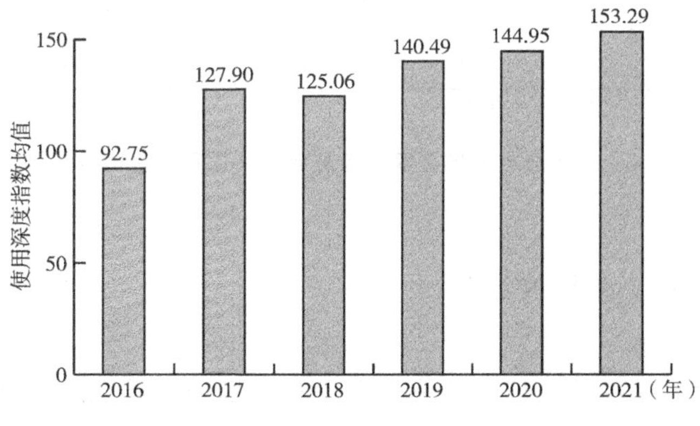

图3-3　2016~2021年成渝地区双城经济圈使用深度指数均值的变化趋势

第三，成渝地区双城经济圈数字普惠金融数字化程度呈现波动上升趋势。如图3-4所示，2021年成渝地区双城经济圈36个城市数字普惠金融数字化程度指数均值达到116.81，较2016年的79.28，增长幅度明显。在增长趋势上，呈现波动变化特征，2019年达到阶段性峰值，2020年与2019年相比略有降低，2021年又有所提升，总体保持增长态势。从数字化程度指数变化来看，成渝地区双城经济圈传统金融与数字技术融合程度持续加深。一是金融服务移动化程度提高，移动支付逐渐成为成渝地区双城经济圈用户使用支付方式的主流，提升用户支付的便利性。二是金融服务普惠性水平提升，通过数字普惠金融的发展，重庆和四川两地用户的消费端和生产端获取融资支持的成本不断降低，用户共享金融创新发展带来的普惠服务。三是金融信用化水平持续提升，通过数字普惠金融领域改革创新，实现参与经济活动和金融服务的用户的信用信息的有效共享，减少用户运用金融服务的交易费用，加快数字普惠金融数字化程度的提高。四是金融便利化程度更加普及，体现在金融服务方式变更产生的以二维码为代表的新兴支付方式，提高金融服务便利性，减少支付过程的时间成本，大大提高社会经济生产效率。

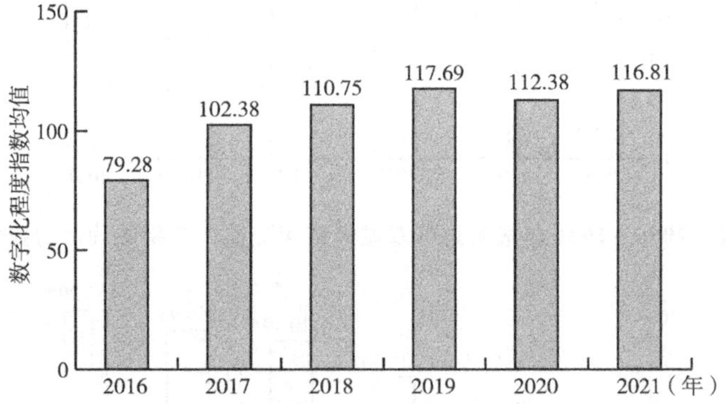

图3-4 2016~2021年成渝地区双城经济圈数字化程度指数均值的变化趋势

3.1.3 发展态势的比较

在对成渝地区双城经济圈整体发展态势识别的基础上，通过与京津冀地区、长三角地区和粤港澳大湾区的对比，可以较为全面了解作为国家区域重要增长极的成渝地区双城经济圈，在全国数字普惠金融发展中所处的位置。为此，把成渝地区双城经济圈2016~2021年36个城市数字普惠金融及分维度指数均值，与京津冀地区、长三角地区和粤港澳大湾区县域层面的指数进行比较，分析成渝地区双城经济圈数字普惠金融发展与其他重要城市群的差距。采用与其他地区的县域层面均值数据对比的原因在于成渝地区双城经济圈的数字普惠金融发展的考察本身是基于县域层面的指数，与京津冀地区、长三角地区和粤港澳大湾区的比较需要确保指数层次的一致性。对于京津冀地区、长三角地区和粤港澳大湾区数据的县域范围选取，根据《京津冀协同发展规划纲要》《长江三角洲区域一体化发展规划纲要》《粤港澳大湾区发展规划纲要》，京津冀地区包含北京市、天津市和河北省所属全部县域，长三角地区包含上海市、江苏省、浙江省和安徽省所属全部县域，粤港澳大湾区包含广东省广州市、深圳市、珠海市、佛山市、惠州市、东莞市、中山市、江门市、肇庆市这9个地级市所属全部县域，未包含香港特别行政区和澳门特别行政区的原因是缺少统计数据。

1. 数字普惠金融指数的态势比较。

成渝地区双城经济圈数字普惠金融发展与京津冀地区大致相同，与粤港澳大湾区和长三角地区相比还有一定的差距。如图3-5所示，对比成渝地区双城经济圈数字普惠金融指数均值与京津冀地区、长三角地区和粤港澳大湾区的趋势，发现所有区域数字普惠金融指数均呈现上升趋势，在发展的差距上，粤港澳大湾区和长三角地区优于京津冀地区和成渝地区双城经济圈。以2021年数据为例，成渝地区双城经济圈数字普惠金融指数均值为115.54，与京津冀地区的115.38大致相当，较粤港澳大湾区的128.52和长三角地区的127.43而言，数字普惠金融发展还存在一定差距。反映出成渝地区双城经济圈数字普惠金融发展取得一定成绩的同时，与沿海地区仍有一定的差距，需要进一步加快数字普惠金融的发展步伐，从数字普惠金融用户的拓展，金融服务的供给与优化，金融业务的数字化转型等方面着手，缩小数字普惠金融发展与其他地区的差距。从引领带动西部其他地区的角度上看，成渝地区双城经济圈也需要加快数字普惠金融发展，为西部其他地区经济高质量发展提供助力和支持。

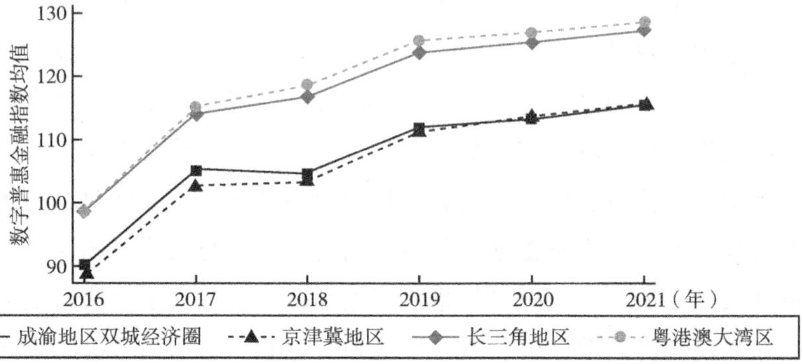

图 3－5　2016～2021 年成渝地区双城经济圈数字普惠金融与其他地区的趋势比较

2. 数字普惠金融分维度指数的态势比较。

在对比分析成渝地区双城经济圈数字普惠金融指数与京津冀地区、长三角地区和粤港澳大湾区的差距基础上，进一步比较数字普惠金融分维度指数的差异。

第一，成渝地区双城经济圈数字普惠金融覆盖广度与京津冀地区、长三角地区和粤港澳大湾区都有一定差距。如图 3－6 所示，通过观察成渝地区双城经济圈、京津冀地区、长三角地区和粤港澳大湾区数字普惠金融覆盖广度指数均值的变化趋势，发现所有区域数字普惠金融覆盖广度变化呈现相同的波动趋势特征，成渝地区双城经济圈数字普惠金融覆盖广度均值低于其他地区。以 2021 年数据为例，成渝地区双城经济圈覆盖广度指数均值为 94.38，与粤港澳大湾区的 103.22 和长三角地区的 101.50 相比，差距较为明显，也低于京津冀地区的 95.25。说明成渝地区双城经济圈数字普惠金融的覆盖面还有待提升，特别是考虑与其他区域人口数量的差异后，数字普惠金融使用数量绝对差距可能还更大，也反映出内陆地区数字普惠金融覆盖的用户数量较沿海地区而言还有不少差距，在消费和生产两端运用数字普惠金融服务的用户数量需要进一步扩大，实现数字普惠金融用户数量的稳步增长。

第二，成渝地区双城经济圈数字普惠金融使用深度与京津冀地区差异不大，但与粤港澳大湾区和长三角地区相比仍有一定差距。如图 3－7 所示，无论是成渝地区双城经济圈，还是京津冀地区、长三角地区和粤港澳大湾区，数字普惠金融使用深度在 2016～2021 年均呈现同样的上升态势，只是在发展程度上存在一定差距，成渝地区双城经济圈与京津冀地区处在同一水平，低于粤港澳大湾区和长三角地区。以 2021 年数据为例，成渝地区双城经济圈数字普惠金融使用深度均值为 153.29，略高于京津冀地区的 152.00，但是与粤港澳大湾区的 179.92，以及长三角地区的 177.69 相比，还是具有较为明显的差距。与东部沿海地区相比，成渝地区双城经济圈居民和企业等主体对于数字普惠金融运用深度不够，主要停留在运用数字化的金融结算服务，较少涉及数字普惠金融的投融资产品和服务，更少利用具有普惠性质的保险产品和服务，使得数字普惠金融运用囿于浅层次服务，制约数字普惠金融水平的提升。成渝地区双城经济圈在拓展数字普惠金融产品和服务上不及沿海地区，且与粤港澳大湾区和长三角地区在数字普惠金融使用深度上的差距在近年来表现出一定的扩大趋势，急需进一步深度挖掘传统金融与数字技术、普惠产品的结合点。

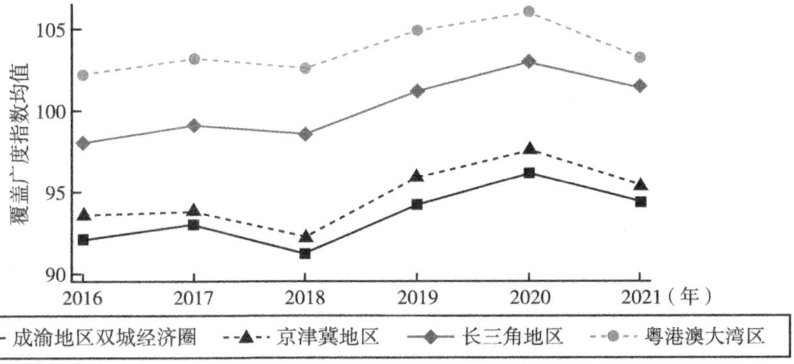

图 3-6　2016~2021 年成渝地区双城经济圈覆盖广度与其他地区的趋势比较

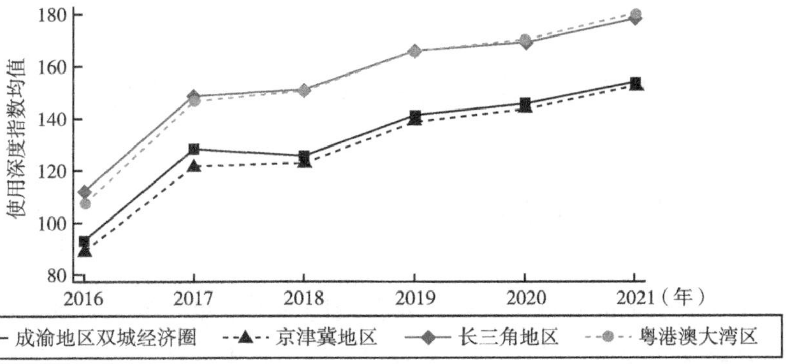

图 3-7　2016~2021 年成渝地区双城经济圈使用深度与其他地区的趋势比较

第三，成渝地区双城经济圈数字普惠金融数字化程度高于京津冀地区，与长三角地区和粤港澳大湾区的差距不大。如图 3－8 所示，从数字普惠金融数字化程度指数均值的变化趋势看，成渝地区双城经济圈与京津冀地区、长三角地区和粤港澳大湾区的趋势大致相同。2016 年，成渝地区双城经济圈数字普惠金融数字化程度指数均值为 79.28，优于京津冀地区的 72.16、长三角地区的 76.96 和粤港澳大湾区的 69.21。从 2018 年开始，长三角地区和粤港澳大湾区的数字化程度指数提升幅度高于成渝地区双城经济圈，到 2021 年，成渝地区双城经济圈数字化程度指数均值为 116.81，低于长三角地区的 121.75 和粤港澳大湾区的 118.64，高于京津冀地区的 115.30。表明成渝地区双城经济圈在数字普惠金融的数字化程度领域，与其他区域保持一个大致相同的发展趋势，虽然与沿海地区相比仍有一些差距，但是差距水平不是太大。

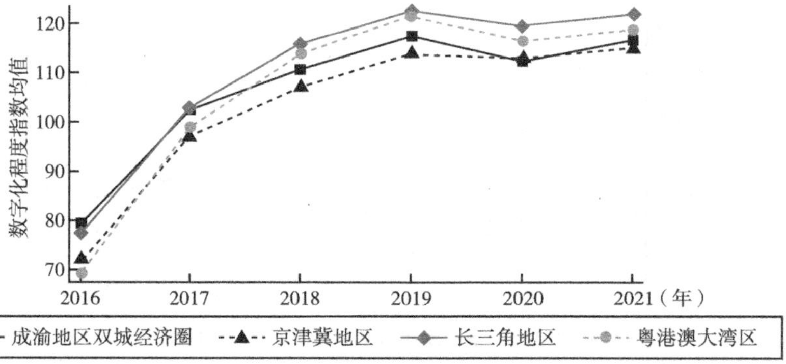

图 3－8　2016～2021 年成渝地区双城经济圈数字化程度与其他地区的趋势比较

3.2　数字普惠金融发展差距及趋势

3.2.1　发展差距的识别

考虑到成渝地区双城经济圈涉及范围跨两个省级行政区，域内不同地方之间数字普惠金融发展必然存在一定差别，运用核密度估计的方法来刻画成渝地区双城经济圈数字普惠金融发展的域内差别。本研究参考 Rosenblatt （1956）

和 Parzen（1962）的研究成果，采用非参数核密度估计（Kernel Density Estimator，简称 KDE），对成渝地区双城经济圈数字普惠金融发展的动态分布演进进行分析，奠定分析数字普惠金融发展域内差距的基础。KDE 被广泛运用于区域经济变量的非均衡分布的测算，可以避免参数分析中主观设定函数形式可能造成的偏误，对模型的依赖性较弱，且结果的稳健性更强。对于随机变量，KDE 函数设定如下：

$$f(Y) = \frac{1}{nh}\sum_{i=1}^{n} K\left(\frac{Y_i - \overline{Y}}{h}\right) \tag{3-1}$$

式（3－1）中，Y_i 和 $\overline{Y}$ 分别表示成渝地区双城经济圈第 i 个城市数字普惠金融指标的观测值以及该指标在成渝地区双城经济圈范围内的平均值，n、h 和 K 分别表示样本数、函数带宽和核密度函数。选择 epanechnikov 核函数作为核密度函数，选择自动最优带宽进行核密度函数估计。

本研究考察时期为 2016～2021 年，此处选择 2016 年、2019 年和 2021 年作为观察年份，通过观察如图 3－9 所示的成渝地区双城经济圈数字普惠金融及其分维度指数的核密度图，分析不同城市之间数字普惠金融发展的差距及其在时间序列上的变化特征。具体而言：

第一，成渝地区双城经济圈数字普惠金融发展差距呈现一定的扩大趋势。从图 3－9 反映的情况看，成渝地区双城经济圈数字普惠金融指数在 2016～2021 年实现平均水平的提高，2021 年的密度曲线明显比 2016 年向右移动，数字普惠金融指数的期望值在提高。对密度曲线高度的观察来看，2021 年和 2019 年的密度曲线期望值对应的概率密度明显低于 2016 年密度曲线期望值对应的概率密度，说明随着时间的推移，数字普惠金融指数的分布更加分散，不同城市之间数字普惠金融发展差距有所扩大。同时，注意到 2021 年密度曲线在右侧存在较长的“尾巴”，且有“凸起”的特征，说明数字普惠金融指数高水平的城市数量在增加，数字普惠金融发展在成渝地区双城经济圈内部表现出差距增大的态势。

第二，成渝地区双城经济圈数字普惠金融使用深度的差距有所扩大。图 3－9 反映出成渝地区双城经济圈数字普惠金融使用深度指数的期望值呈现提高趋势，2021 年、2019 年和 2016 年的密度曲线依次向右移动，表明各个城市数字普惠金融在经济社会发展中的渗透性不断加强。通过观察密度曲线的高度发现，2019 年期望值对应的概率密度明显低于 2016 年，说明城市间数字普惠金融使用深度的发展差距在拉大，2021 年期望值对应的概率密度比 2019 年有所升高，反映出城市间数字普惠金融使用深度上的差距有所缩小。进一步观察发现，2021 年和 2019 年的密度曲线右侧均呈现“厚尾”分布，表明使用深度指数高的城市数量在增加，与 2016 年相比，成渝地区双城经济圈数字普惠金融使用深度的差距确有所扩大。

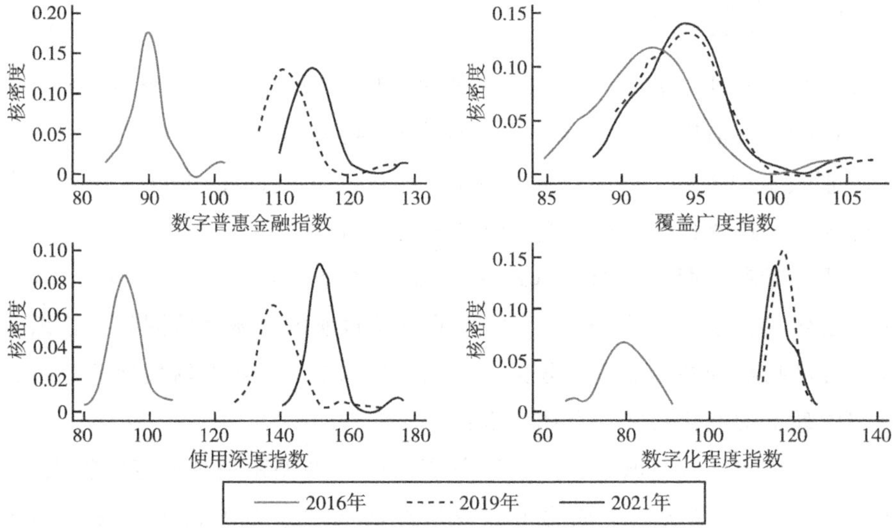

图 3-9　成渝地区双城经济圈数字普惠金融及其分维度指数核密度分布及变化

第三，成渝地区双城经济圈数字普惠金融覆盖广度和数字化程度的差距呈现缩小趋势。通过对图 3-9 的观察发现，成渝地区双城经济圈数字普惠金融覆盖广度指数和数字化程度指数的密度曲线，均是随着时间的推移向右移动，反映出各个城市数字普惠金融覆盖面进一步扩大，数字化程度持续提高，特别是数字化程度指数密度曲线的右移幅度更大，发展速度更快。数字普惠金融覆盖广度指数密度曲线的高点随着时间的推移，呈现提高的趋势，表征成渝地区双城经济圈内部的数字普惠金融覆盖广度指数差距有所减小。从数字化程度指数密度曲线的观察来看，2021 年和 2019 年密度曲线高点比 2016 年显著提高，说明成渝地区双城经济圈不同城市数字普惠金融的数字化程度在期初的 2016 年差距较大，到 2021 年，数字化程度指数的差距明显缩小。

3.2.2　差距收敛性分析

在对成渝地区双城经济圈不同城市数字普惠金融发展差距识别基础上，借鉴 Sala - i - Martin（1996）的做法，通过 σ 收敛和绝对 β 收敛的方法，来考察数字普惠金融发展的收敛性。

1. σ 收敛分析。

对于 σ 收敛，判断数字普惠金融发展差距是否收敛的依据是：

$$\sigma_{t+T} < \sigma_t \tag{3-2}$$

其中，σ_{t+T}是 $t+T$ 时期成渝地区双城经济圈数字普惠金融指数（或分维度指数）自然对数的标准差，即 $\sigma_{t+T} = \sum_{i=1}^{n}(\ln Y_{i,t+T} - \ln\overline{Y}_{t+T})/(n-1)$。$Y_{i,t+T}$是成渝地区双城经济圈 $t+T$ 时期第 i 个城市数字普惠金融指数（或分维度指数），n 表示城市数量，共计 36 个。同理，σ_t 是 t 时期成渝地区双城经济圈数字普惠金融指数（或分维度指数）自然对数的标准差。

从图 3 - 10 反映的情况看，数字普惠金融及分维度指数均表现出一定的收敛特征，在 Sigma 值的变化上则有一定差别，具体而言：从总体水平上看，成渝地区双城经济圈数字普惠金融发展呈现先发散后收敛的趋势特征，数字普惠金融指数的 Sigma 值在 2016 年为 0. 0379，到 2018 年扩大到 0. 0454，自 2019 年起逐年下降，2021 年的 Sigma 值为 0. 0333，说明成渝地区双城经济圈不同城市数字普惠金融发展差距在呈现一段时期的扩散后，又趋于收敛的状态，数字普惠金融指数较低城市的发展速度快于数字普惠金融发展水平较高的地区。从分维度指数上看，成渝地区双城经济圈数字普惠金融的覆盖广度和使用深度均呈现先发散后收敛的特征，覆盖广度指数和使用深度指数的 Sigma 值在 2016 年分别为 0. 0431 和 0. 0558，到 2019 年分别扩大到 0. 0491 和 0. 0660，在 2021 年又分别降至 0. 0372 和 0. 0417，说明成渝地区双城经济圈数字普惠金融覆盖面较小、用户使用不够深入的城市在覆盖范围和使用强度上的提升速度正在逐渐加快。成渝地区双城经济圈数字普惠金融的数字化程度呈现收敛特征，数字化程度指数的 Sigma 值持续降低，从 2016 年的 0. 0775 降至 2021 年的 0. 0257，表明不同城市在普惠金融数字化应用上的差距逐步缩小。

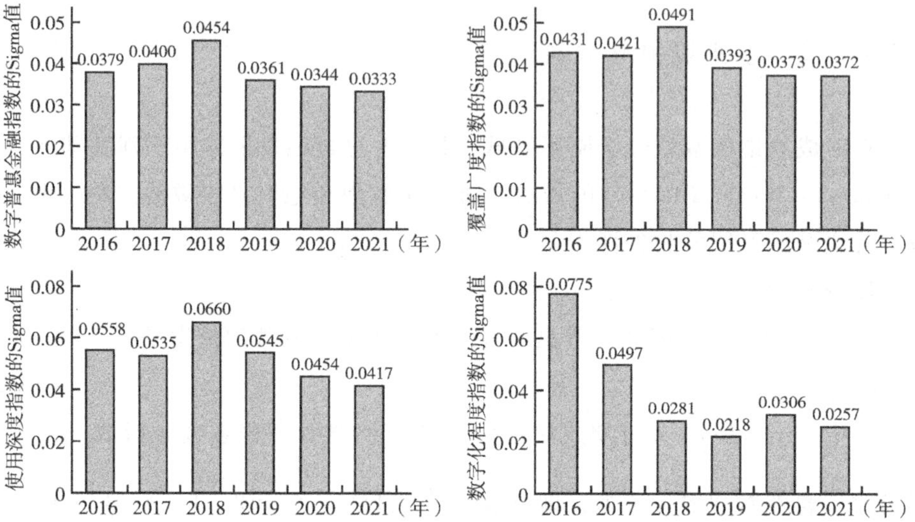

图 3－10　2016～2021 年成渝地区双城经济圈数字普惠金融及分维度指数的 Sigma 值

2. 绝对 β 收敛分析。

绝对 β 收敛分析是通过构建一个截面回归模型，根据参数估计值的正负来判断某个经济指标在考察期间是否收敛。具体到对成渝地区双城经济圈数字普惠金融及分维度指数的收敛性分析，建立以下回归模型：

$$\frac{\ln(Y_{i,t+T}/Y_{i,t})}{T}=\alpha+\beta\ln Y_{i,t}+\varepsilon_{i,t} \tag{3-3}$$

其中，$Y_{i,t+T}$和 $Y_{i,t}$分别是成渝地区双城经济圈第 i 个城市数字普惠金融指数（或分维度指数）在考察期期末和期初的数值水平，T 表示时间跨度，α 和 β 是待估参数，$\varepsilon_{i,t}$为随机扰动项。若 β 的估计值大于 0，则表明数字普惠金融指数（或分维度指数）呈发散趋势；反之，β 的估计值小于 0，说明数字普惠金融指数（或分维度指数）表现出收敛特征。

对成渝地区双城经济圈 36 个城市 2016～2021 年数字普惠金融及分维度指数的绝对 β 收敛分析结果见表 3－3。模型（1）－模型(4）分别是数字普惠金融指数、覆盖广度指数、使用深度指数和数字化程度指数的回归估计结果，通过各个模型的 T 检验值的观察发现，所有模型的 β 估计值均在 1% 显著性水平下显著异于 0，F 检验结果表明回归模型整体上显著。

表 3-3　成渝地区双城经济圈数字普惠金融及分维度指数绝对 Beta 收敛的估计结果

	模型（1）	模型（2）	模型（3）	模型（4）
$\ln y_{i,t}$	-0.0006*** (-3.10)	-0.0005*** (-3.34)	-0.008*** (-4.99)	-0.0024*** (-16.15)
常数项	0.100*** (6.13)	0.053*** (3.69)	0.177*** (11.55)	0.272*** (22.57)
样本数	36	36	36	36
R^2	0.197	0.225	0.406	0.881
F 值	9.602	11.180	24.913	260.778

根据表 3-3 的结果，成渝地区双城经济圈数字普惠金融发展差距无论是在总体上还是在分维度上，均呈现出收敛的态势，收敛速度会较为缓慢。模型（1）-模型(4）的 β 估计值均在 1% 显著性水平下显著为负，表征数字普惠金融及分维度指数呈现绝对 β 收敛，进一步观察发现 β 估计值的绝对值均较小，说明数字普惠金融发展在呈现收敛趋势的同时，不同城市之间发展差距缩小的速度较为缓慢，成渝地区双城经济圈数字普惠金融发展在一定时期内还是会存在一定的内部发展不平衡问题。

3.3　发展差距来源分解及动态变化

3.3.1　差距来源分解的方法

本研究借鉴 Dagum（1997）基于基尼系数提出的按照子群分解的方式，分析成渝地区双城经济圈数字普惠金融发展的域内差异及其来源。

1. Dagum 分解的基本过程。

对于基尼系数 G 定义如下：

$$G = \sum_{j=1}^{k}\sum_{h=1}^{k}\sum_{i=1}^{n_j}\sum_{r=1}^{n_k} |Y_{ji} - Y_{hr}| / 2n^2\overline{Y} \tag{3-4}$$

在式（3-4）中，j 和 h 为不同组群的下标，i 和 r 为观测样本的下标，k

是组群数量，n 为观测样本个数，n_j 和 n_h 分别为第 j 个和第 h 个组群内部的观测样本数量。Y_{ji} 和 Y_{hr} 分别为第 j 个组群内部第 i 个观测样本以及第 h 个组群内部第 r 个观测样本的数字普惠金融及分维度指数，$\overline{Y}$ 为所有观测样本数字普惠金融及分维度指数的平均值。

在对总体基尼系数 G 按组群进行分解时，先要根据各组群数字普惠金融及分维度指数的平均值对 k 个组群进行排序，然后将基尼系数分解为组群内差异 G_w、组群间差异净值 G_{nb}、组群间超变密度 G_t，有：

$$
\begin{aligned}
G &= G_w + G_{nb} + G_t \\
G_w &= \sum_{j=1}^{k} G_{jj} p_j s_j \\
G_{nb} &= \sum_{j=2}^{k} \sum_{h=1}^{j-1} G_{jh}(p_j s_h + p_h s_j) D_{jh} \\
G_t &= \sum_{j=2}^{k} \sum_{h=1}^{j-1} G_{jh}(p_j s_h + p_h s_j)(1 - D_{jh})
\end{aligned}
\tag{3-5}
$$

式（3－5）中，G_{jj} 是第 j 个组群内的基尼系数，G_{jh} 是第 j 个组群和第 h 个组群间的基尼系数，有：

$$G_{jj} = \sum_{i=1}^{n_j} \sum_{r=1}^{n_j} |Y_{ji} - Y_{jr}| / 2n_j^2 \overline{Y}_j \tag{3-6}$$

$$G_{jh} = \sum_{i=1}^{n_j} \sum_{r=1}^{n_h} |Y_{ji} - Y_{hr}| / n_j n_h (\overline{Y}_j + \overline{Y}_h) \tag{3-7}$$

其中，$\overline{Y}_j$ 和 $\overline{Y}_h$ 分别是第 j 个组群和第 h 个组群数字普惠金融及分维度指数的均值。

式（3－5）中，p_j 和 p_h 分别表示不同组群观测样本数量占总数量的比重，即 $p_j = n_j / n$，$p_h = n_h / n$，s_j 和 s_h 分别表示不同组群观测样本数字普惠金融指标的份额比重，即 $s_j = n_j \overline{Y}_j / n \overline{Y}$，$s_h = n_h \overline{Y}_h / n\overline{Y}$。对于 D_{jh}，表示第 j 个组群和第 h 个组群数字普惠金融及分维度指数的净差距与其最大可能值的比例，计算公式为：

$$D_{jh} = \frac{\overline{Y}_j - \overline{Y}_h}{\sum_{i=1}^{n_j} \sum_{r=1}^{n_h} |Y_{ji} - Y_{hr}| / n_j n_h} \tag{3-8}$$

综合式（3－4）到式（3－8），可以计算得出成渝地区双城经济圈数字普惠金融及分维度指数的在考察期内每年的 G、G_w、G_{nb}和 G_t。

进一步地，分别通过计算贡献度（G_w/G）×100、（G_{nb}/G）×100 和（G_t/G）×100 来考察成渝地区双城经济圈数字普惠金融及分维度指数差距是来源于组内差距，还是来源于组间差距，抑或是来源于超变密度。

2. 组群分组方式的说明。

在运用 Dagum 分解分析之前，需要对成渝地区双城经济圈的 36 个城市进行分组，以便于识别差距来源于组内还是组间。对于成渝地区双城经济圈而言，是一个国家区域战略覆盖下的跨省级行政区区域，考虑到不同省级行政区之间在经济社会发展条件以及地方政府行政政策等方面的差异，会对数字普惠金融发展产生影响，因而把 36 个城市按照所属省级行政区划，分为重庆市组群和四川省组群。重庆市组群包括：重庆主城、万州、涪陵、綦江、大足、黔江、长寿、江津、合川、南川、璧山、铜梁、潼南、荣昌、梁平、丰都、垫江、忠县、开州和云阳 20 个城市，四川省组群包括：成都、自贡、泸州、德阳、绵阳、遂宁、内江、乐山、南充、眉山、宜宾、广安、达州、雅安和资阳 15 个城市。

此外，考虑到成渝地区双城经济圈是以重庆都市圈、成都都市圈为引领，带动重庆市和四川省全域发展，不同经济功能区形成的"核心—边缘"发展格局可能会对数字普惠金融发展产生影响，进而形成数字普惠金融发展在空间上的块状特征，需要从经济功能区划的角度分析数字普惠金融发展的差异来源。对此，把 36 个城市按照所属功能区划，分为重庆都市圈组群、成都都市圈组群和两翼地区组群。其中，根据《重庆都市圈发展规划》，重庆都市圈组群包括：重庆主城、涪陵、綦江、大足、长寿、江津、合川、永川、南川、璧山、铜梁、潼南和广安 13 个城市；根据《成都都市圈发展规划》，成都都市圈组群包括：成都、德阳、眉山和资阳 4 个城市；两翼地区组群则包括不在两个都市圈范围内的万州、黔江、荣昌、梁平、丰都、垫江、忠县、开州、云阳、自贡、泸州、绵阳、遂宁、内江、乐山、南充、宜宾、达州和雅安 19 个城市。

3.3.2 发展差距来源的刻画

根据式（3-4）、式（3-6）和式（3-7），计算成渝地区双城经济圈数字普惠金融及分维度指数的基尼系数，按照不同的组群划分方法，比较数字普惠金融发展的组内差距和组间差距，对数字普惠金融发展差距来源进行刻画。

1. 城市之间的整体发展差距。

成渝地区双城经济圈数字普惠金融发展在城市之间的整体差距呈现缩小的态势。如图 3 - 11 所示，对成渝地区双城经济圈数字普惠金融及分维度指数的基尼系数在 2016 ~ 2021 年的变化进行分析，得出城市之间数字普惠金融整体发展差距的演变特征。具体而言：一是数字普惠金融指数的发展差距呈现波动缩小趋势。2016 ~ 2021 年，成渝地区双城经济圈数字普惠金融指数的基尼系数从 2016 年的 0.0192，升高至 2018 年的 0.0239，到 2021 年降至 0.0166，说明不同城市之间的数字普惠金融发展呈现差距缩小的态势，数字普惠金融协同发展取得一定的成效。二是数字普惠金融覆盖广度指数和使用深度指数的基尼系数呈现先扩大后减小的趋势特征。2016 年数字普惠金融覆盖广度指数和使用深度指数的基尼系数分别是 0.0257 和 0.0301，到 2018 年分别提高至 0.0260 和 0.0359，在 2021 年分别降到 0.0192 和 0.0206，表明城市之间数字普惠金融的用户覆盖率和服务运用深度的差距在经历一段时间的扩大之后，开始逐渐减小，城市之间数字普惠金融的覆盖面和使用程度的差别在慢慢变小。三是数字化程度指数的基尼系数呈现持续降低的趋势。2016 年成渝地区双城经济圈数字普惠金融数字化程度指数的基尼系数是 0.0408，到 2021 年基尼系数降至

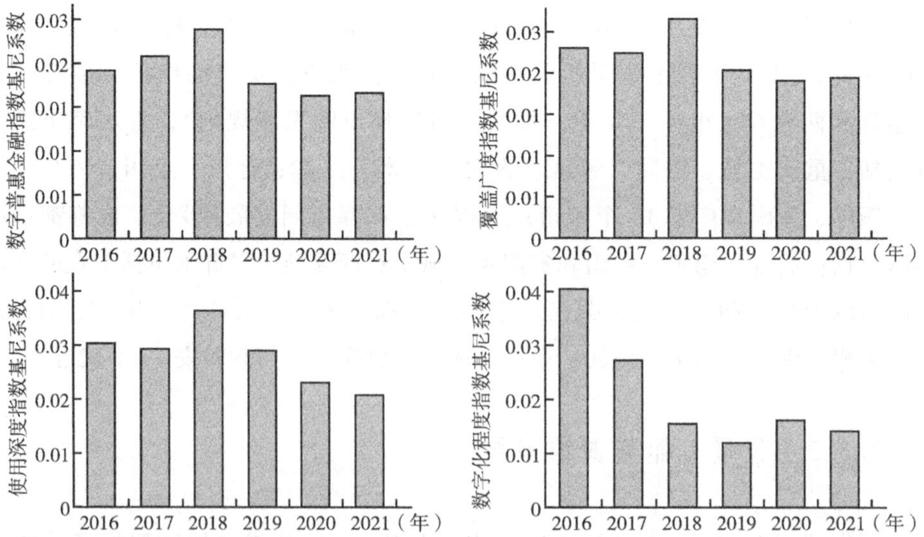

图 3 - 11　2016 ~ 2021 年成渝地区双城经济圈数字普惠金融及分维度指数的基尼系数

0.0141，反映出城市之间普惠金融服务在数字化程度上的差距越来越小。

2. 重庆市组群与四川省组群的差距比较。

数字普惠金融发展在重庆市组群内的差距大于四川省组群内的差距，重庆市组群与四川省组群间的差距不断缩小。具体而言：

一方面，重庆市组群数字普惠金融及分维度指数的组内基尼系数均大于四川省组群，表明重庆市组群数字普惠金融发展的差别相对较大。从数字普惠金融指数上看，如图 3 - 12 所示，2016 ~ 2021 年中的 4 个年份，重庆市组群数字普惠金融指数的组内基尼系数高于四川省组群，组内基尼系数差别最高的是 2018 年，重庆市组群的组内基尼系数为 0.0251，比四川省组群的 0.0200 高出 0.051，反映重庆市组群城市之间的数字普惠金融发展差距较四川省组群的组内差距要更高一些。从数字普惠金融分维度指数上看，图 3 - 12 显示的结果表明，重庆市组群的数字普惠金融覆盖广度和使用深度的组内基尼系数，在 2016 ~ 2021 年的绝大部分时间均是高于四川省组群，重庆市组群内的城市在数字普惠金融覆盖范围、使用程度上的差距较四川省组群而言更大。对于数字普惠金融数字化程度的组内差距而言，重庆市组群在 2017 ~ 2019 年高于四川省组群，其余年份则是四川省组群的组内基尼系数高于重庆市组群。

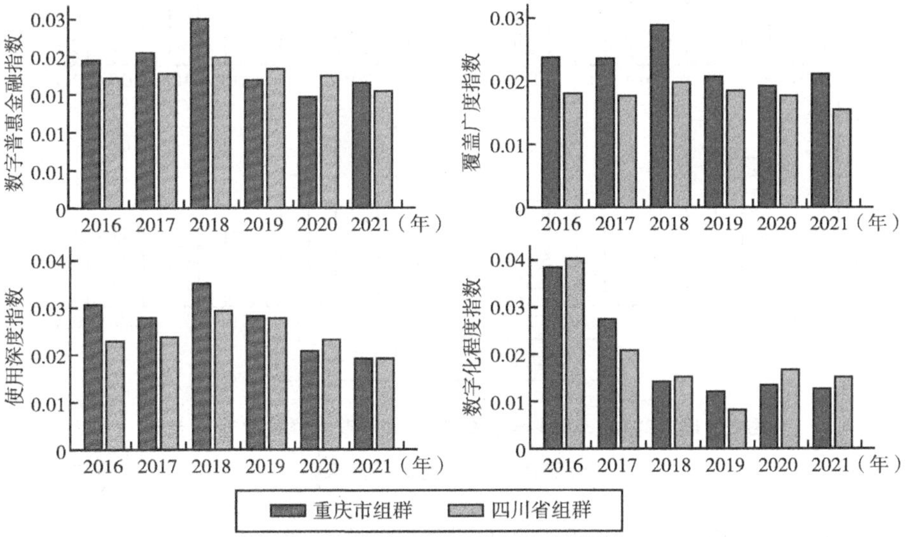

图 3 - 12　2016 ~ 2021 年重庆市和四川省组群数字普惠金融及分维度指数的组内基尼系数

另一方面，重庆市组群与四川省组群数字普惠金融及分维度指数的组间差距在减小，反映出不同省级行政区划引致的数字普惠金融发展差别在变小。如图 3－13 所示，无论是数字普惠金融指数，还是其分维度指数，重庆市组群与四川省组群的组间基尼系数都呈现减小的趋势。从数字普惠金融指数的组间基尼系数变化上看，2016 年数字普惠金融指数组间基尼系数为 0. 0197，虽然在 2018 年扩大到 0. 0245，但是到 2021 年又降至 0. 0169，表征重庆市组群和四川省组群在数字普惠金融发展上的差别有所减小。从数字普惠金融分维度指数的组间基尼系数变化上看，2016 年数字普惠金融覆盖广度指数和使用深度指数的组间基尼系数分别是 0. 0233 和 0. 0325，尽管在 2018 年组间基尼系数均有所扩大，但是到 2021 年组间基尼系数分别减小到 0. 0190 和 0. 0221，反映出重庆市组群和四川省组群在数字普惠金融覆盖广度和使用深度上差别的减小。数字普惠金融数字化程度指数的组间基尼系数则是在 2016～2021 年持续减小，从 2016 年的 0. 0423 减小到 2021 年的 0. 0144。

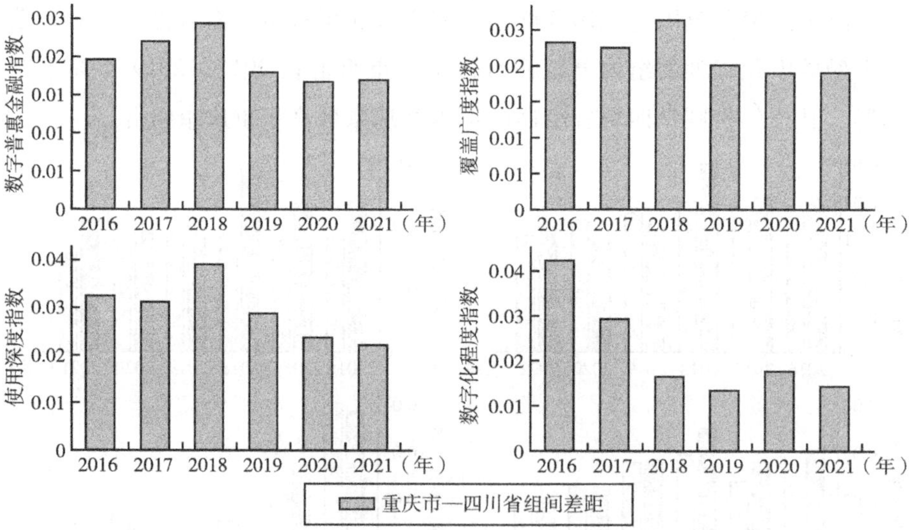

图 3－13　2016～2021 年重庆市和四川省组群数字普惠金融及分维度指数的组间基尼系数

3. 重庆都市圈、成都都市圈和两翼地区组群的差距比较。

数字普惠金融发展在两个都市圈组群内部的发展差距大于两翼地区组群，

组间差距主要表现为成都都市圈和重庆都市圈、两翼地区的差距，组间差距呈现一定的缩小趋势。具体而言：

一方面，成都都市圈、重庆都市圈数字普惠金融及分维度指数的组内差距大于两翼地区，成都都市圈的组内差距较重庆都市圈更大。如图3－14所示，从数字普惠金融指数的组内基尼系数来看，成都都市圈组内基尼系数最高，重庆都市圈次之，两个都市圈组内基尼系数与两翼地区相比处于相对较高水平，以2021年数据为例，成都都市圈数字普惠金融指数的组内基尼系数为0.0233，高于重庆都市圈的0.0168，两翼地区组内基尼系数为0.0117，明显低于两个都市圈，表明都市圈内部城市之间的数字普惠金融发展差距大于非都市圈地区，都市圈内的经济金融集聚效应对城市之间的数字普惠金融发展产生一定影响。从数字普惠金融分维度指数的组内基尼系数来看，也大致呈现两个都市圈组内基尼系数高于两翼地区的特征。其中，数字普惠金融覆盖广度指数的发展差距表现为成都都市圈大于重庆都市圈，重庆都市圈又大于两翼地区，以2021年数据为例，成都都市圈组内基尼系数为0.0237，重庆都市圈为0.0186，两翼地区则是0.0137。数字普惠金融使用深度指数的组内基尼系数，在2016～2021年均是两个都市圈高于两翼地区，2018

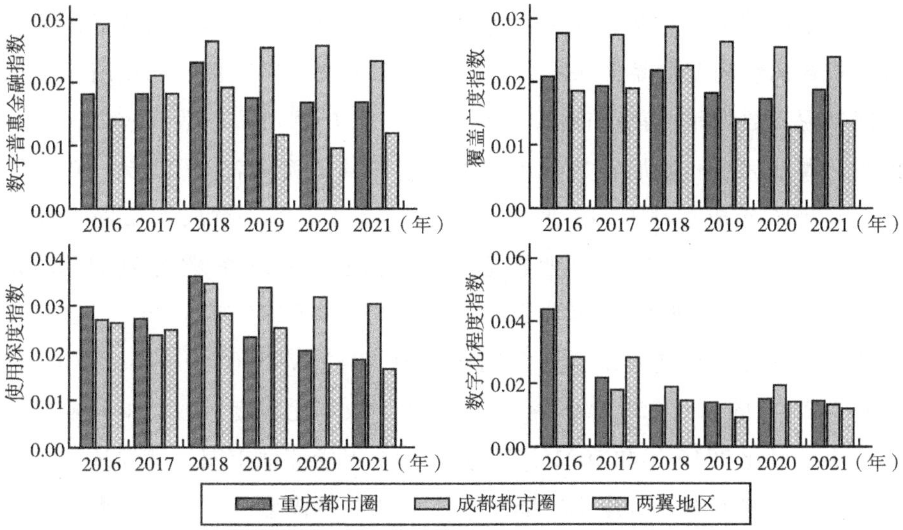

图3－14　2016～2021年重庆都市圈、成都都市圈与两翼地区组群数字普惠金融及分维度指数的组内基尼系数

年之前重庆都市圈组内基尼系数高于成都都市圈，2019 年开始成都都市圈组内基尼系数开始高于重庆都市圈。数字化程度指数的组内基尼系数也呈现两个都市圈高于两翼地区的特征，不同区域组内基尼系数的差异逐渐变小，2016 年成都都市圈、重庆都市圈和两翼地区的组内基尼系数分别是 0.0614、0.0445 和 0.0292，差异较大，2021 年的组内基尼系数分别为 0.0137、0.0151 和 0.0123，差异减小。

另一方面，成都都市圈与重庆都市圈、两翼地区数字普惠金融及分维度指数的组间基尼系数大于重庆都市圈与两翼地区的组间基尼系数，数字普惠金融及分维度指数的组间基尼系数呈现减小的态势。如图 3-15 所示，从数字普惠金融指数的组间基尼系数来看，成都都市圈与两翼地区的组间基尼系数最大，成都都市圈与重庆都市圈的组间基尼系数次之，重庆都市圈与两翼地区组间基尼系数最小，以 2021 年数据为例，成都都市圈与两翼地区、重庆都市圈的组间基尼系数分别为 0.0245 和 0.0227，高于重庆都市圈与两翼地区为 0.0160 的组间基尼系数，说明成都都市圈数字普惠金融的平均发展水平优于重庆都市圈和两翼地区。进一步对比 2016 年的数据，发现数字普惠金融指数的组间基尼系数呈现下降趋势，表明成都都市圈数字普惠金融发展与重庆都市圈、两翼地区，以及重庆都市圈与两翼地区之间的组间差距均有所减小。从数字普惠金融分维度指数的组间基尼系数来看，数字普惠金融覆盖广度指数和使用深度指数的组间基尼系数均是成都都市圈与两翼地区、重庆都市圈的数值较大，重庆都市圈与两翼地区组间基尼系数减小，并且组间基尼系数都在 2016~2021 年有所减小。2016 年成都都市圈—两翼地区、成都都市圈—重庆都市圈、重庆都市圈—两翼地区数字普惠金融覆盖广度的组间基尼系数分别是 0.0331、0.0289 和 0.0212，到 2021 年分别降至 0.0265、0.0227 和 0.0201。数字普惠金融使用深度的组间基尼系数则分别从 2016 年的 0.0360、0.0365 和 0.0297，减少到 2021 年的 0.0305、0.0294 和 0.0189。数字化程度指数的组间基尼系数逐渐变小，对比 2016 年和 2021 年数据，2016 年成都都市圈—两翼地区、成都都市圈—重庆都市圈、重庆都市圈—两翼地区数字普惠金融数字化程度指数的组间基尼系数分别是 0.0409、0.0563 和 0.0511，到 2021 年分别降至 0.0143、0.0154 和 0.0153。

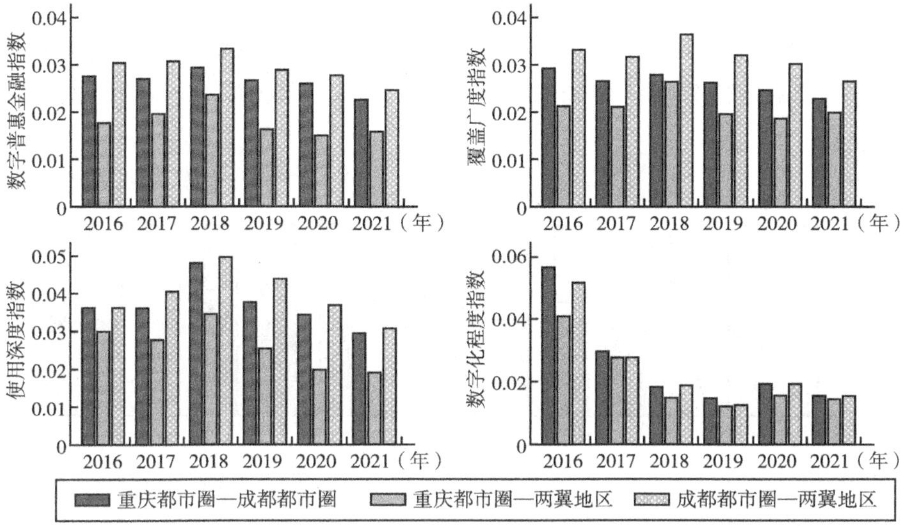

图3-15 2016～2021年重庆都市圈、成都都市圈与两翼地区组群数字普惠金融及分维度指数的组间基尼系数

3.3.3 差距来源的动态分析

运用式（3-4）至式（3-8），对数字普惠金融及分维度指数的基尼系数进行分解，计算得到组内差异、组间差异和超变密度对基尼系数的贡献度，进而分析2016～2021年成渝地区双城经济圈数字普惠金融发展差距来源的动态变化。

1. 重庆市组群与四川省组群分组的差距来源描述。

按照重庆市组群与四川省组群的分组方式，成渝地区双城经济圈数字普惠金融发展差距主要来源于不同省级行政区内部城市之间的差异。如图3-16所示，无论是数字普惠金融指数，还是数字普惠金融分维度指数，均是组内差异的贡献度最高。其中，数字普惠金融指数组内差异贡献度在2016～2021年介于48.30%～50.56%，数字普惠金融覆盖广度指数组内差异贡献度介于49.71%～51.76%，数字普惠金融使用深度指数组内差异贡献度介于47.19%～50.40%，数字普惠金融数字化程度指数组内差异贡献度介于46.94%～50.28%。组间差异的贡献度较低，数字普惠金融指数组间差异贡献度最高的 2017 年也只有 30.91%，覆盖广度指数、使用深度指数和数字化程度指数组间差异贡献度最高年份的贡献度值分别只有 22.29%、30.61% 和 33.86%，均低于组内差异的贡献度。

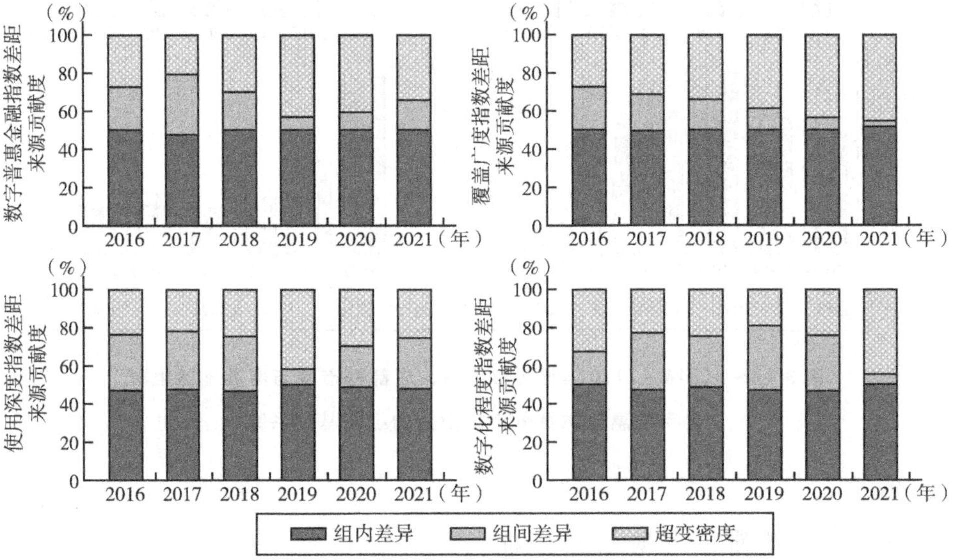

图 3-16　2016~2021 年重庆市—四川省分组的数字普惠金融及分维度指数差距来源的贡献度

2. 重庆都市圈、成都都市圈和两翼地区分组的差距来源描述。

按照重庆都市圈、成都都市圈和两翼地区的分组方式，成渝地区双城经济圈数字普惠金融发展差距主要来源于不同功能区之间的发展差异。如图 3-17 所示，从数字普惠金融指数差距来源的贡献度看，数字普惠金融指数的组间差异贡献度在 2016~2021 年均是高于组内差异贡献度，组间差异贡献度介于 42.34%~50.92%，组内差异贡献度最高的 2017 年，贡献度数值也只有 34.43%。从数字普惠金融分维度指数差距来源的贡献度来看，数字普惠金融覆盖广度指数的组间差异贡献度在 2016~2021 年介于 40.06%~53.70%，组内差异贡献度最高的 2017 年，贡献度数值只有 36.47%。数字普惠金融使用深度指数的组内差异贡献度只在 2016 年和 2021 年高于组间差异贡献度，其余年份均是组间差异贡献度大于组内差异贡献度。数字普惠金融数字化程度指数的差距来源则是组内差异贡献度高于组间差异贡献度，组内差异贡献度在 2016 ~ 2021 年介于 36.08% ~41.13%，组间差异贡献度最高年份为 28.39%，最低年份为 5.61%。

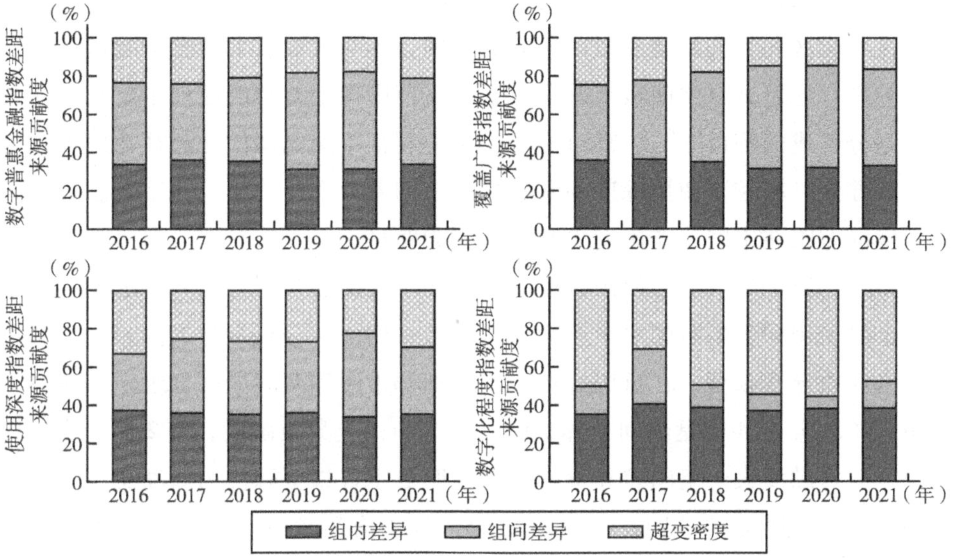

图 3 – 17　2016 ~ 2021 年都市圈—两翼分组的数字普惠金融及分维度指数差距来源的贡献度

3. 数字普惠金融发展差距来源变化的分析。

成渝地区双城经济圈数字普惠金融发展差距主要体现为在不同功能区划之间的水平差异，不同维度指数在功能区划之间的差异表现有所差别。具体而言：

第一，数字普惠金融整体发展的差距表现为不同功能区划之间的水平差异。数字普惠金融指数发展差距在重庆市、四川省分组中的组间差异贡献度小于组内差异贡献度，说明不同省级行政区划之间的数字普惠金融发展差别不大，行政区划对数字普惠金融发展产生影响的作用效果不明显，而在重庆都市圈、成都都市圈和两翼地区分组中，组间差异贡献度高于组内差异贡献度，表明都市圈和非都市圈，以及两个都市圈发展的不同，会对不同区域数字普惠金融发展产生影响，功能区划对数字普惠金融发展产生较强的影响作用，使得不同功能区城市之间的数字普惠金融发展产生差异。

第二，数字普惠金融覆盖广度的差距在不同功能区划之间表现明显。数字普惠金融覆盖广度指数的水平差距在重庆市—四川省分组中表现为组内差异贡献度大于组间差异贡献度，而在重庆都市圈、成都都市圈和两翼地区分组中则是表现为组间差异贡献度大于组内差异贡献度。由此可见，重庆市和四川省两个省级行政区的经济社会发展制度等的区别，不会造成数字普惠金融覆盖广度上的差别，导致城市之间数字普惠金融覆盖范围出现差距的原因主要是由于功能区划分形成的都市圈与非都市圈，以及不同都市圈之间的经济社会发展条件差异所导致。相较于使用深度和数字化程度的差异来源贡献，数字普惠金融覆盖广度的差距在不同功能区划之间表现较为明显。

第三，数字普惠金融使用深度的差距在不同功能区划之间有所表现。数字普惠金融使用深度指数的水平差距在重庆市—四川省分组中是组内差异贡献度大于组间差异贡献度，在重庆都市圈、成都都市圈和两翼地区分组中，考察期2016~2021年有4年是组间差异贡献度大于组内差异贡献度，有2年则表现为组内差异贡献度大于组间差异贡献度，说明数字普惠金融使用深度在不同行政区划之间没有明显的差距，差距在功能区划中有所表现。相较于覆盖广度而言，数字普惠金融使用深度受到功能区划的影响要小一些，普惠信贷业务、保险业务、投资业务和信用业务的用户使用，在都市圈和非都市圈，以及不同都市圈之间有一定的差别。

第四，数字普惠金融数字化程度的差距在不同功能区划之间表现不明显。在数字普惠金融分维度指数差距来源的贡献度中，与覆盖广度和使用深度不同，数字化程度指数的差距来源贡献度，无论是在重庆市—四川省分组，还是在重庆都市圈、成都都市圈和两翼地区分组，都是组内差异贡献度高于组间差异贡献度，表明不同城市之间数字普惠金融数字化程度的差异，与行政区划和功能区划都没有特别明显的关联，主要是来自城市经济社会发展条件的差别。

第4章

成渝地区双城经济圈数字普惠金融空间网络及演变趋势

4.1 空间关联网络分析的实施步骤

4.1.1 空间关联网络构建

成渝地区双城经济圈数字普惠金融空间关联网络是域内各个主要城市数字普惠金融发展的关系集合，空间网络中的节点和关联线分别是各个主要城市以及城市间的数字普惠金融发展的关联关系，在此基础上构建数字普惠金融发展的空间关联网络。参考已有研究方法，确定空间关联关系主要有VAR模型和引力模型（李敬等，2014；白俊红和蒋伏心，2015；刘华军等，2015；张鹏和于伟，2017；刘小瑜和余海华，2020），考虑到VAR模型测算两个节点之间关联性需要较长时间序列数据，且只能反映整个时期的关联与否情况，不能观察空间关联网络随时间的变化，因而本研究选择引力模型来作为构建空间关联网络的基础模型。

引力模型最早是由Tinbergen在借鉴物理学领域牛顿万有引力定律基础上提出的，运用于研究世界不同国家之间在经济贸易流量上的不对称现象，进而形成经济引力模型理论（姚永军等，2009；余海华，2021）。本研究采用的引力模型形式如下所示：

$$F_{ij} = w_i \frac{Y_i \times Y_j}{d_{ij}^2} \tag{4-1}$$

式（4-1）中，F_{ij}表示城市 i 对城市 j 的数字普惠金融发展引力，Y_i 和 Y_j 分别是城市 i 和城市 j 的数字普惠金融及分维度指数，d_{ij}表示城市 i 和城市 j 之间的地理距离，数据来源于高德地图。由于两个城市之间引力具有相互性，但往往可能是非对称的作用力大小，因而引入权重系数 w_i，$w_i = Y_i/(Y_i + Y_j)$ 表示城市 i 在两个城市之间引力的份额比重。

根据引力模型构建的数字普惠金融发展的引力矩阵，把每个城市 2016～2021 年对其余城市引力的平均值作为临界值，将高于临界值的引力值赋值为1，表明该城市对其余某个城市数字普惠金融发展具有空间溢出，将低于临界值的引力值赋值为 0，表示该城市对其余某个城市数字普惠金融发展没有空间溢出。最终得到 2016～2021 年每个年份的 36 行×36 列的非对称引力矩阵，这些矩阵具有有向性，i 行 j 列取值为 0 和 1 分别表示城市 i 对城市 j 数字普惠金融没有空间溢出和具有空间影响。

4.1.2 网络分析指标测算

在对成渝地区双城经济圈数字普惠金融空间关联网络的分析过程中，空间关联网络分析需要从以下几个维度展开：

1. 网络密度。

网络密度反映的是成渝地区双城经济圈网络中各个城市之间在数字普惠金融发展关联关系的疏密情况。如果网络中具有关联关系的数量越多，相应地，网络密度也就越大。网络密度可以定义为网络中实际拥有的连线数与整个网络中最多可能拥有的连线数量的比值。具体公式如下：

$$D = \frac{L}{N(N-1)} \tag{4-2}$$

式（4-2）中，D 为成渝地区双城经济圈数字普惠金融空间关联网络的网络密度，L 是网络中实际拥有的关联关系数量，N 为网络中城市数量，则 $N(N-1)$ 为网络中最大可能存在的关联关系数量。网络密度的取值范围为 0～1。

基于网络密度衍生出两个评价整体网络状况的指标，分别是互惠程度和传递程度。

互惠程度是网络中双边连接占总的连接数量的比重，具体公式为：

$$R = \frac{LR}{L} \tag{4-3}$$

式（4-3）中，R 表示成渝地区双城经济圈数字普惠金融发展空间关联网络的互惠程度，LR 为网络中双边连接数量，L 仍然表示网络中所有连接的数量。

2. 节点度数和网络度数中心势。

在空间关联网络中，度数表示某个节点与其余节点直接相连的个数，在有向网络中又分为出度和入度，以城市 i 为例，若前述引力矩阵中第 i 行第 j 列的数值为 1，表示 i 城市对 j 城市数字普惠金融发展具有空间溢出，记城市 i 的 1 个出度数量，若是第 j 行第 i 列的数值为 1，表示的是 j 城市对 i 城市数字普惠金融发展具有空间溢出，记城市 i 的 1 个入度数量。在此基础上，城市 i 具有的度数越多，则表明 i 城市在空间关联网络中的地位越高，中心性越突出。分别以 CO_i 和 CI_i 表示城市 i 的出度和入度，则有：

$$CO_i = \sum_{j=1}^{N} v_{ij} \tag{4-4}$$

$$CI_i = \sum_{i=1}^{N} v_{ij} \tag{4-5}$$

式（4-4）和式（4-5）中，v_{ij} 表示前述引力矩阵第 i 行第 j 列的数值，城市 i 的出度相当于引力矩阵第 i 行求和，入度相当于引力矩阵第 i 列求和。

对于空间关联网络整体的度数中心势，测算方式是找到网络中度数最大节点的度数值，进而计算该数值与网络其他节点的度数差，得到多个差值，再把这些差值进行求和，最后运用这个总和除以在理论上各个差值总和的最大可能值。具体公式如下：

$$C = \frac{\sum_{i=1}^{N} (C_{\max} - C_i)}{N^2 - 3N + 2} \tag{4-6}$$

式（4-6）中，C 表示成渝地区双城经济圈数字普惠金融发展空间关联网络的度数中心势，$C_{\max}$ 是拥有最大度数的城市的度数数量，C_i 表示第 i 个城市的度数数量，N 仍表示网络中城市数量。与节点度数分为出度和入度一样，度数中心势也分为出度中心势和入度中心势，分别记为 CO 和 CI，相应的计算公式分别为：

$$CO = \frac{\sum_{i=1}^{N}(CO_{\max} - CO_i)}{N^2 - 3N + 2} \tag{4-7}$$

$$CI = \frac{\sum_{i=1}^{N}(CI_{\max} - CI_i)}{N^2 - 3N + 2} \tag{4-8}$$

3. 节点中间度和网络中间中心势。

如果一个节点处在许多相互联系的网络路径上，说明这个节点具有重要地位，通过观察某个节点处在的许多点对捷径上的数量，可以判断这个节点的中间度。假设一个点对 X 和 Y 之间有 n 条捷径，某个节点 Z 相对于点对 X 和 Y 的中间度就是该点处在此点对的捷径上的能力，可以把这种“能力”定义为经过节点 Z 并且连接点对 X 和 Y 的捷径数与点对 X 和 Y 之间捷径总数之比，反映节点 Z 在多大程度上位于 X 和 Y 的中间。具体测算公式为：

$$CB_i = \sum_{j}^{n_j}\sum_{k}^{n_k}\frac{g_{jk}(i)}{g_{jk}},\quad j \neq k \neq i,\quad j < k \tag{4-9}$$

式（4-9）中，CB_i 表示 i 城市在成渝地区双城经济圈数字普惠金融发展中的中间度，g_{jk} 表示城市 j 和 k 之间存在的捷径数量，$g_{jk}(i)$ 表示城市 j 和 k 之间捷径中需经过城市 i 的捷径数量，$g_{jk}(i)/g_{jk}$ 反映 i 城市处在城市 j 和 k 捷径上的概率，n_j 和 n_k 分别是网络中城市 j 和 k 可能的数量。

与网络度数中心势计算方式相类似，可以通过以下公式计算网络中间中心势：

$$CB = \frac{\sum_{i=1}^{N}(CB_{\max} - CB_i)}{N^3 - 4N^2 + 5N - 2} \tag{4-10}$$

式（4-10）中，CB 表示成渝地区双城经济圈数字普惠金融发展空间关联网络的中间中心势，CB_{Max} 是所有节点中拥有最大中间度的城市的中间度数值。CB_i 仍表示 i 城市在成渝地区双城经济圈数字普惠金融发展中的中间度，N 仍是网络中城市数量。

4. 节点接近中心度。

空间关联网络中节点的接近中心度是反映的是该点在网络中与其他节点的接近程度，与其他节点的距离越小，则表明节点越接近网络中的中心位置，接近中心度就越高。按照上述逻辑思路，得到节点接近中心度的计算公式为：

$$CC_i = \frac{N-1}{\sum_{j=1}^{N-1} distance_{ij}} \tag{4-11}$$

式（4-11）中，CC_i 表示 i 城市在成渝地区双城经济圈数字普惠金融发展空间关联网络中的接近中心度，$distance_{ij}$ 表示 i 城市与城市 j 之间的捷径距离，即最短联系路径中包含的连接线数，N 仍是网络中城市数量。

4.2 数字普惠金融的整体网络分析

4.2.1 空间关联网络演进态势

基于引力模型测算的 2016～2021 年成渝地区双城经济圈数字普惠金融引力矩阵，按照前述式（4-2）和式（4-3）进行空间关联网络密度、互惠程度的计算。

1. 数字普惠金融空间关联网络密度。

成渝地区双城经济圈数字普惠金融发展的空间联系日益紧密，数字普惠金融及分维度指数的网络密度不断提高。

从数字普惠金融指数网络密度来看，如图4-1所示，成渝地区双城经济圈数字普惠金融指数的网络密度逐年提高，2021 年网络密度达到 0.2761，比 2016 年的 0.1809 提高了 0.0952，表明成渝地区双城经济圈各个城市之间的数字普惠金融发展之间的影响日益密切，呈现同频共振、共同发展的趋势。本质上看，网络密度的提高表征空间关联网络内部的连接线越来越多，即更多的城市具备影响周边城市数字普惠金融发展，或是受到来自周边城市数字普惠金融发展的影响，意味着数字普惠金融通过城市与城市之间金融要素流动，以及金融产品和服务的外溢，呈现相互影响的发展格局。

从数字普惠金融分维度指数网络密度来看，如图4-1所示，数字普惠金融使用深度指数和数字化程度指数的网络密度提高较为明显，2021 年网络密度分别达到 0.3206 和 0.2833，比 2016 年的网络密度分别提高 0.2024 和

0.1500，表明成渝地区双城经济圈各个城市之间在普惠金融服务业务使用，以及普惠金融数字化建设上的联系逐渐紧密。数字普惠金融覆盖广度指数的网络密度在 2016～2021 年有所提高，从 2016 年的 0.2397 提升至 2021 年的 0.2539，提升幅度较使用深度指数和数字化程度指数低，却也保持提升的势头，反映成渝地区双城经济圈数字普惠金融的覆盖水平在城市之间的关联度越强。

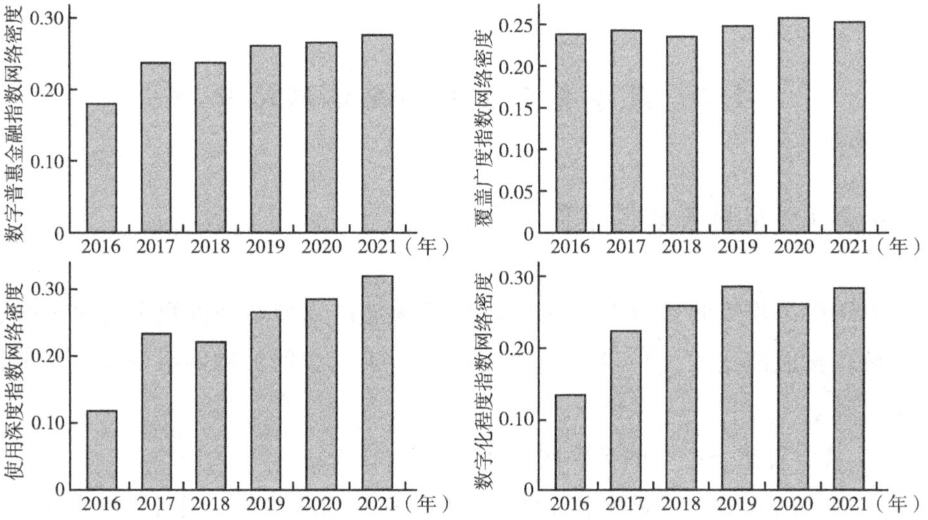

图 4－1　2016～2021 年成渝地区双城经济圈数字普惠金融空间关联的网络密度

2. 数字普惠金融空间关联互惠程度。

成渝地区双城经济圈数字普惠金融空间影响的互惠性保持稳定，数字普惠金融及分维度指数的互惠程度数值维持在一定区间。

从数字普惠金融指数的互惠性上看，如图 4－2 所示，成渝地区双城经济圈数字普惠金融空间关联网络互惠程度在 2016～2021 年呈现先下降后上升的趋势，2021 年互惠程度为 0.5746，比 2016 年降低 0.0539，互惠程度最低点为 2020 年的 0.5728，说明在成渝地区双城经济圈数字普惠金融的城市影响路径中，约 60% 属于双向互动影响，即城市数字普惠金融发展在影响其他城市的同时，也会受到来自其他城市的影响作用，呈现相互影响、互动发展的格局。主要表现为：一是城市之间人口流动密切，对数字普惠金融应用的习惯相互传递，同时提高两个城市的数字普惠金融居民个人用户覆盖率。二是城市之间生产经营企业之间交易频繁，对数字普惠金融的运用随着企业之间的合作往来相互深化，进一步扩大两个城市的数字普惠金融用户基数。三是金融产品和服务的跨城市供给，居民个人和企业用户跨城市使用数字普惠金融服务，也促进两个城市普惠金融数字化逐步深化。

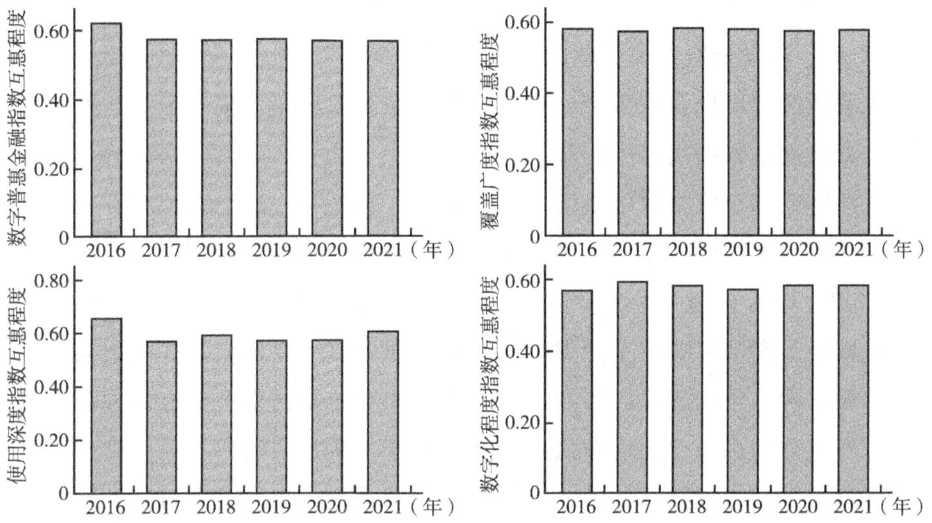

图 4－2　2016～2021 年成渝地区双城经济圈数字普惠金融空间关联的互惠程度

从数字普惠金融分维度指数的互惠性上看，如图 4－2 所示，数字普惠金融覆盖广度指数的互惠程度略有降低，由 2016 年的 0.5811 降至 2021 年的 0.5763，成渝地区双城经济圈各个城市之间在数字普惠金融覆盖广度上的联系大多都是双向互动，相互促进。数字普惠金融使用深度指数的互惠程度先降低，后有所回升，2016 年的互惠程度为 0.6556，最低值出现在 2020 年，为 0.5739，到 2021 年又回升至 0.6031，城市之间 60% 左右的数字普惠金融业务关联都是双向影响，表明成渝地区双城经济圈普惠金融业务在数字技术发展影响下联动性得到加强。数字普惠金融数字化程度的互惠程度有所提高，2021 年的互惠程度为 0.5867，比 2016 年的 0.5700 提高了 0.0167，反映出成渝地区双城经济圈普惠金融数字化发展在城市之间的相互渗透。

4.2.2 关联网络中心势的变化

利用前述式（4-4）至式（4-10）对2016~2021年成渝地区双城经济圈数字普惠金融引力矩阵进行计算，得到空间关联网络的出度中心势、入度中心势和中间中心势。

1. 数字普惠金融空间关联网络出度中心势。

成渝地区双城经济圈数字普惠金融发展空间溢出呈现集中态势，数字普惠金融及分维度指数的出度中心势有所提高。

从数字普惠金融指数的出度中心势来看，如图4-3所示，2016~2021年成渝地区双城经济圈数字普惠金融发展空间关联网络的出度中心势持续提高，2021年出度中心势为0.1273，比2016年的0.0783提高了0.0490，说明成渝地区双城经济圈数字普惠金融发展空间溢出效应有一定地向某些城市集中的态势。本质上看，空间关联网络的出度中心势描绘的是网络中具有最大出度的城市的出度值与其余城市出度数值差距之和与城市数量之间的关系，由于考察期内网络节点数量是固定的，唯一引起变化的就是最大出度城市与其余城市在出度数值上的差距，如果“头部”城市出度值与其他城市差距在扩大，则表现为网络中心势数值的提升，进而表明在成渝地区双城经济圈数字普惠金融发展中，对周边地区数字普惠金融的溢出影响向个别城市集中。这一方面有利于培育成渝地区双城经济圈数字普惠金融增长极，进而辐射带动周边地区发展。另一方面，数字普惠金融发展的空间溢出效应过度集中于个别城市，可能不利于整体空间网络的协调发展。

从数字普惠金融分维度指数的出度中心势来看，如图4-3所示，在2016~2021年，数字普惠金融使用深度指数和数字化程度指数的出度中心势提高较为明显，2021年使用深度指数、数字化程度指数的出度中心势分别为0.1992和0.1200，较2016年的出度中心势分别提高0.1445和0.0514，表明成渝地区双城经济圈普惠金融在业务使用和数字化发展的溢出影响上，具备空间溢出效应能力的城市有减少和集中的趋势，数字普惠金融资源集聚的城市更有能力对周边城市普惠金融业务和数字化转型产生影响。数字普惠金融覆盖广度指数的出度中心势略有提高，从 2016 年的 0.1061 提升至 2021 年的 0.0147，反映出在数字普惠金融覆盖和普及的影响上，也表现出一定的具有影响周边城市覆盖广度能力城市逐步集中于一些地区的趋势。

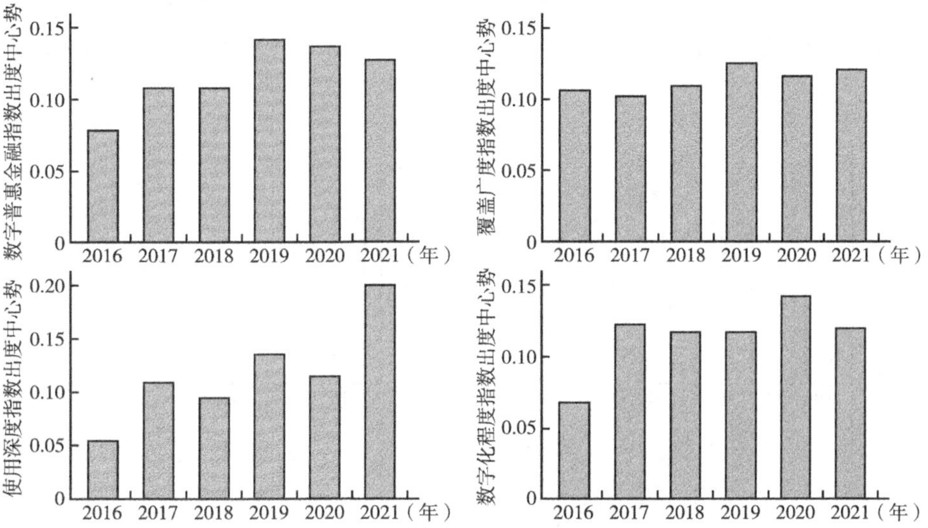

图 4－3　2016～2021 年成渝地区双城经济圈数字普惠金融空间关联网络出度中心势

2. 数字普惠金融空间关联网络入度中心势。

成渝地区双城经济圈数字普惠金融发展的“虹吸效应”有所增强，数字普惠金融及分维度指数的入度中心势呈现提升趋势。

从数字普惠金融指数的入度中心势来看，如图 4－4 所示，2016～2021 年成渝地区双城经济圈数字普惠金融发展空间关联网络入度中心势不断提高，2021 年入度中心势达到 0.2449，比 2016 年的 0.1665 提高了 0.0784，说明在成渝地区双城经济圈中，得到其他城市数字普惠金融空间溢出影响的城市，所吸纳的数字普惠金融发展资源有所提高。从入度中心势的指标上看，与出度中心势相类似，衡量的是空间关联网络中具有最大入度的城市与其他城市在入度数量上的差距，与网络节点之间的关系，变动的来源是入度值最大城市与其他城市入度之差的和，因而入度中心势的提高实质上表示的是具有入度最大的城市与其他城市的入度差距在变大，也就是入度较高城市的入度越来越高，即能够得到周边城市数字普惠金融发展影响的城市从其他城市获取的金融发展资源越来越多，在成渝地区双城经济圈中来看，中心城市数字普惠金融发展的“虹吸效应”越来越强。这也是有两方面的影响，一方面，中心城市“虹吸效应”越强越能够从周边地区集聚数字普惠金融发展的各类资源，有助于培养空间关联网络中的增长极，另一方面，中心城市通过“虹吸效应”吸纳周边数字普惠金融发展资源也可能不利于空间关联网络中其他城市数字普惠金融的发展。

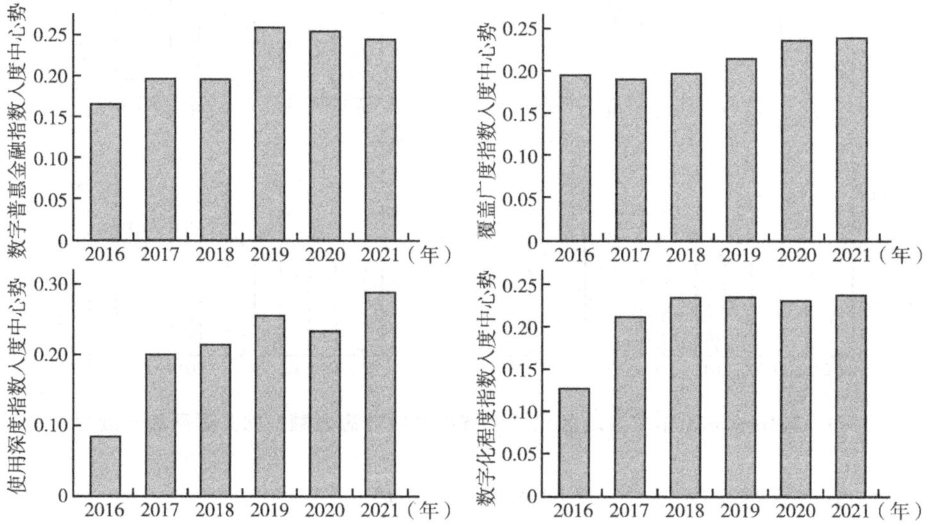

图 4-4　2016~2021 年成渝地区双城经济圈数字普惠金融空间关联网络入度中心势

从数字普惠金融分维度指数的入度中心势来看，如图 4-4 所示，数字普惠金融使用深度指数和数字化程度指数的入度中心势提升幅度较大，2021 年使用深度指数和数字化程度指数的入度中心势分别为 0.2873 和 0.2376，比 2016 年的 0.0841 和 0.1273 分别提高 0.2032 和 0.1103，表明成渝地区双城经济圈具备吸纳周边城市普惠金融业务和数字化资源能力的城市有集中的趋势，这部分城市能够从邻近城市的数字普惠金融业务和普惠金融数字化建设中，获得促进本地区数字普惠金融发展的资源。数字普惠金融覆盖广度指数的入度中心势也有一定程度的提高，2021 年覆盖广度指数的入度中心势为 0.2383，比 2016 年的 0.1942 提高了 0.0441，反映出从邻近地区数字普惠金融发展中获得普惠金融业务覆盖增益的城市有集中的趋势。

3. 数字普惠金融空间关联网络中间中心势。

成渝地区双城经济圈数字普惠金融发展空间关联网络的关键节点呈多极分散趋势，数字普惠金融及分维度指数的中间中心势逐步下降。

从数字普惠金融指数的中间中心势来看，如图 4 - 5 所示，2016 ~ 2021 年成渝地区双城经济圈数字普惠金融空间关联网络的中间中心势呈现下降趋势，2021 年的中间中心势为 0.1009，较 2016 年的 0.1818 降低 0.0809，说明在成渝地区双城经济圈数字普惠金融发展空间关联网络中起到中介效应和传递效应的关键节点城市向多极化方向发展。根据中间中心势的测算原则，衡量的是空间关联网络中起到具有最强中介作用的城市的节点中间度数值，与其他城市节点中间度数值的差距，和网络节点数量之间的关系，指标变动的核心是最强中介作用城市的节点中间度和其他城市的差值变动。就目前情况看，成渝地区双城经济圈数字普惠金融空间关联网络的中间中心势数值在持续降低，反映出具备较强中介作用能力的城市的节点中间度与其他城市的差距在缩小，各个城市所具备的中介作用能力有所提高，使得成渝地区双城经济圈中有更多的城市可以承担空间关联网络的中介作用，在其他两个城市之间传递数字普惠金融资源，促进数字普惠金融发展资源的优化配置。总体上看，成渝地区双城经济圈数字普惠金融发展空间关联网络的关键节点的分散布局，有利于强化数字普惠金融空间网络联系。

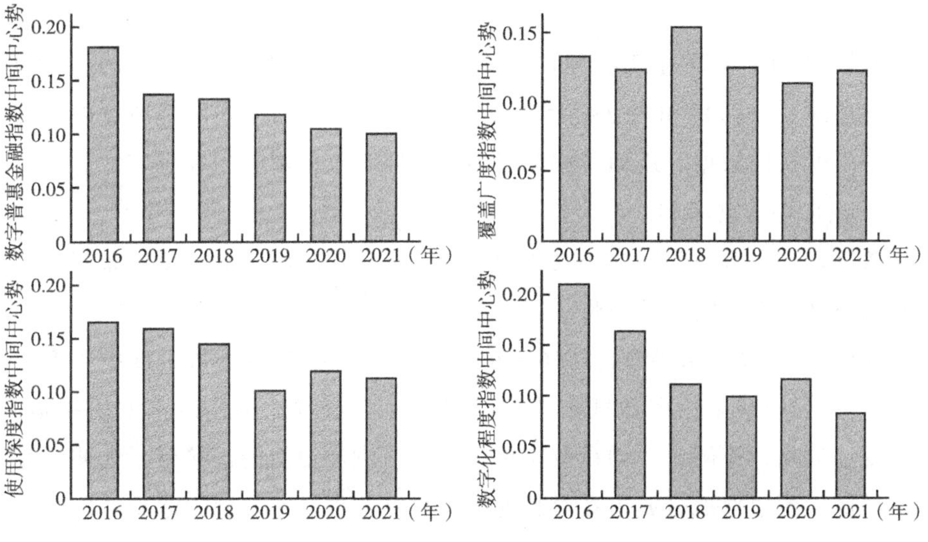

图 4 - 5　2016 ~ 2021 年成渝地区双城经济圈数字普惠金融空间关联网络中间中心势

从数字普惠金融分维度指数的中间中心势来看，如图 4－5 所示，数字普惠金融数字化程度的中间中心势下降幅度较为明显，2016 年中间中心势为 0.2106，到 2021 年降至 0.0826，表明具备在不同城市之间传递和推广数字化转型资源的城市呈现分散分布的态势，更多的城市参与到普惠金融数字化建设网络当中。数字普惠金融使用深度指数的中间中心势下降幅度为 0.0531，从 2016 年的 0.1655 下降到 2021 年的 0.1124，说明成渝地区双城经济圈中能够起到普惠信贷等业务资源传递作用的城市数量在增加，通过节点城市的中介作用，不同城市之间构建起数字普惠金融业务的合作与联系。数字普惠金融覆盖广度指数的中间中心势也有一定降低，降幅为 0.0108，从 2016 年的 0.1331 降至 2021 年的 0.1223，反映出强化城市之间数字普惠金融覆盖的空间网络节点的增加，有利于加强成渝地区双城经济圈数字普惠金融的覆盖面。

4.3 数字普惠金融的网络节点分析

4.3.1 出度和入度中心度的分析

根据 2016～2021 年成渝地区双城经济圈数字普惠金融发展的引力矩阵，结合前述式（4－4）和式（4－5），可以计算得到空间关联网络节点的出度和入度中心度指标数据，进而考察关联网络主要节点的影响力和感应力。

1. 出度中心度考察。

数字普惠金融空间网络中具备较强空间外溢效应的节点主要分布在成渝地区双城经济圈内部的连接地带。

从图 4－6 显示结果看，2016～2021 年数字普惠金融指数出度中心度平均值大于 10 的城市中，多数城市均位于成渝地区双城经济圈内部的连接地带，如广安、泸州、资阳等，均是位于重庆主城与成都中间的连接带，说明成渝地区双城经济圈中部地带城市在对其他城市数字普惠金融发展中起到的影响效应更大。

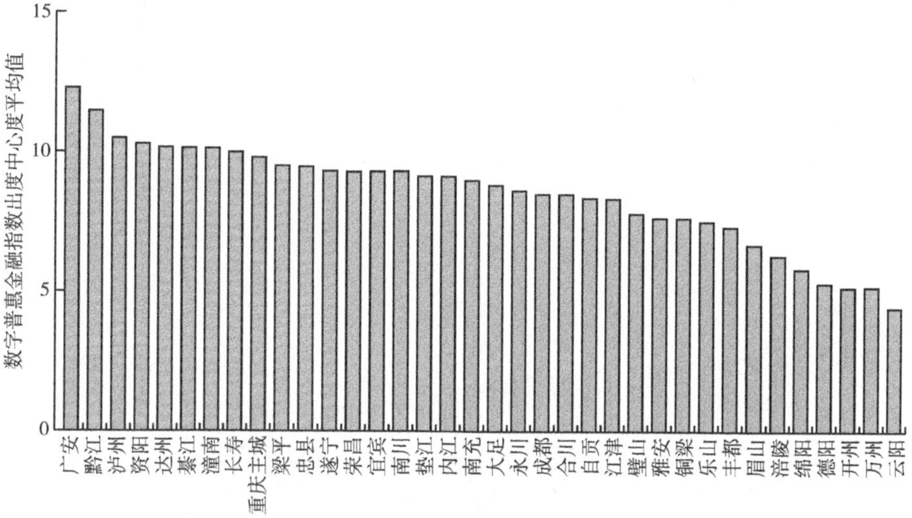

图4-6 2016~2021年城市数字普惠金融指数出度中心度的平均值

从图4-7显示结果看，2016~2021年数字普惠金融覆盖广度指数出度中心度平均值排名靠前的城市中，广安、泸州、资阳、潼南位于重庆主城和成都中间地带城市的出度中心度平均值分别为12.5、11、10.5和10.33，反映成渝地区双城经济圈中间节点城市在对周边城市数字普惠金融覆盖广度提升中起到的较强的促进作用。

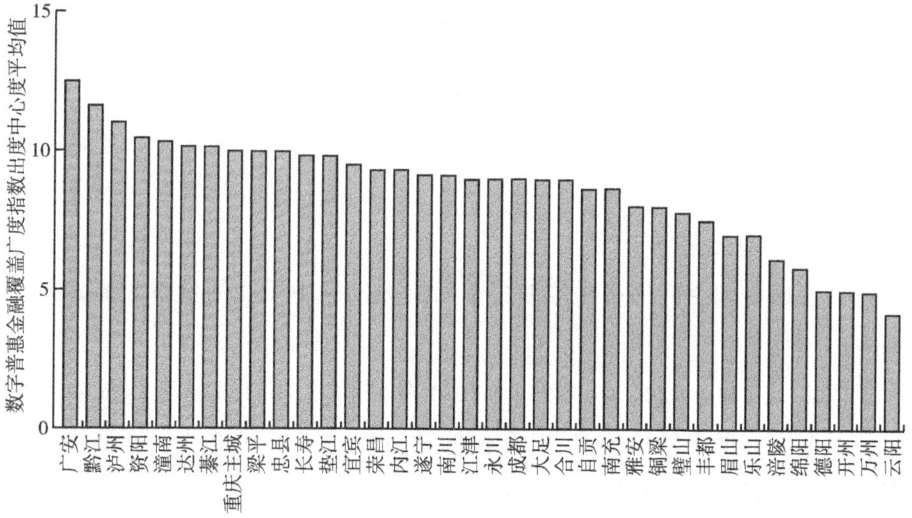

图4-7 2016~2021年城市数字普惠金融覆盖广度指数出度中心度的平均值

从图 4－8 显示结果看，2016～2021 年数字普惠金融使用深度指数出度中心度平均值在 10 以上的城市中，广安、资阳、泸州城市的出度中心度平均值分别为 12、11 和 10.67，同时，重庆主城的出度中心度平均值也达到 10，为带动成渝地区双城经济圈数字普惠金融业务的普及起到推动作用。

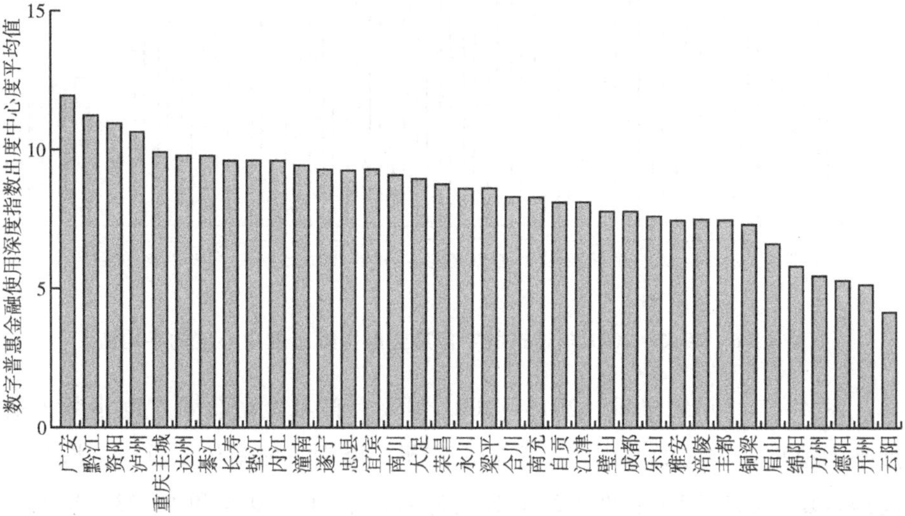

图 4－8　2016～2021 年城市数字普惠金融使用深度指数出度中心度的平均值

从图 4－9 显示结果看，2016～2021 年数字普惠金融数字化程度指数出度中心度平均值排名靠前的城市中，广安、资阳、泸州、长寿地处成渝地区双城经济圈中间位置城市的出度中心度平均值分别为 12.17、10.67、10.5 和 10.33，反映出成渝地区双城经济圈中部地带对周边城市促进普惠金融数字化发展起到的影响作用。

2. 入度中心度考察。

数字普惠金融空间网络中能够更多从周边发展中受益的城市大部分在重庆范围内。

从图 4－10 显示结果看，2016～2021 年成渝地区双城经济圈数字普惠金融指数入度中心度平均值排名前 10 位的城市，除了内江以外，都是位于重庆范围内，且大多数位于重庆主城与成都之间的中间地带，表明包括重庆主城在内的重庆范围内城市更多从其他城市数字普惠金融发展中受益，而四川范围内城市受周边数字普惠金融发展影响的程度较小，位于重庆范围内的城市受到来自周边城市数字普惠金融发展影响力度更大，在成渝地区双城经济圈数字普惠金融空间关联网络中的融入性也更强。

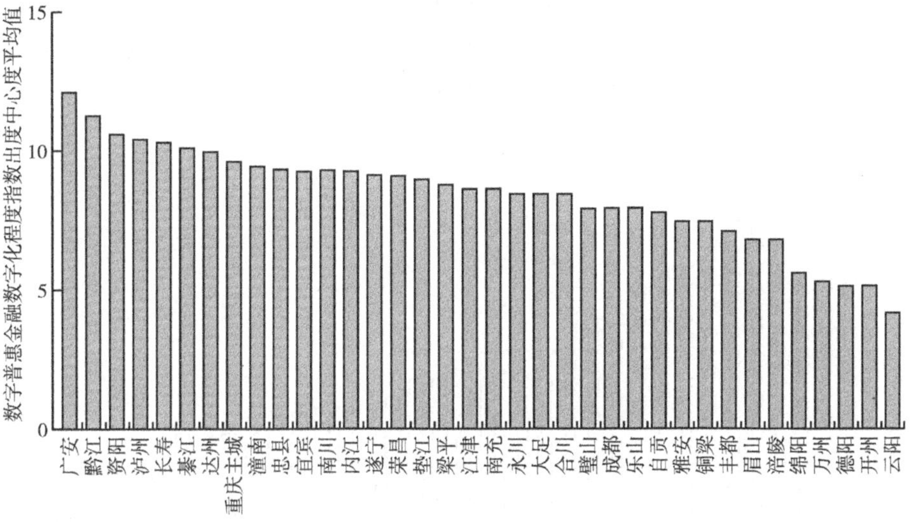

图 4-9　2016~2021 年城市数字普惠金融数字化程度指数出度中心度的平均值

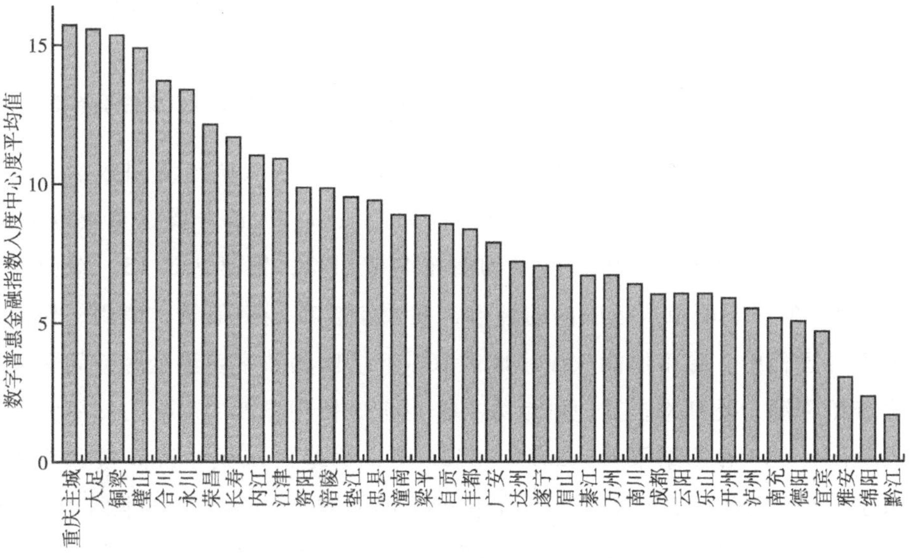

图 4-10　2016~2021 年城市数字普惠金融指数入度中心度的平均值

从图 4 – 11 显示结果看，2016 ~ 2021 年成渝地区双城经济圈数字普惠金融覆盖广度指数入度中心度平均值排名靠前的城市中，也大多是属于重庆的城市。其中，入度中心度平均值在 15 以上的城市有 3 个，分别是重庆主城、大足和铜梁，入度中心度平均值分别达到 15.83、15.66 和 15.5，表明在重庆范围内的城市，特别是介于重庆主城和成都中间地带城市的数字普惠金融覆盖广度的提升，更容易受到数字普惠金融空间关联网络的影响。

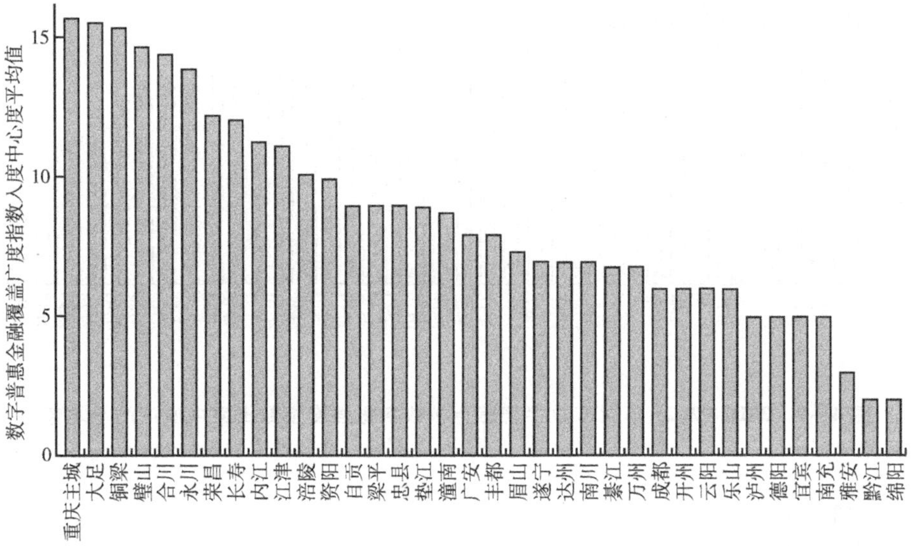

图 4 – 11　2016 ~ 2021 年城市数字普惠金融覆盖广度指数入度中心度的平均值

从图 4 – 12 显示结果看，2016 ~ 2021 年成渝地区双城经济圈数字普惠金融使用深度指数入度中心度平均值排名前列的城市，大部分属于重庆范围内，铜梁、璧山和大足的入度中心度平均值排名前 3 位，铜梁达到 15，璧山和大足均为 14.67，表明重庆范围内的城市，在数字普惠金融信贷、信用、保险等业务发展过程中，更多地能从成渝地区双城经济圈的数字普惠金融空间关联网络中获得资源，受到来自其他城市数字普惠金融使用深度的影响力度更大。

从图 4 – 13 显示结果看，2016 ~ 2021 年成渝地区双城经济圈数字普惠金融数字化程度指数入度中心度平均值位列靠前的城市中，前 10 位除了内江外，其余均是处在成渝地区双城经济圈中部的重庆范围内的城市，铜梁和大足的入度中心度平均值分别是 15.67 和 14.83，璧山和合川的入度中心度平均值均为

14.5，重庆主城的入度中心度为 14，反映重庆范围内城市普惠金融的数字化发展在成渝地区双城经济圈空间关联网络中的嵌入更深。

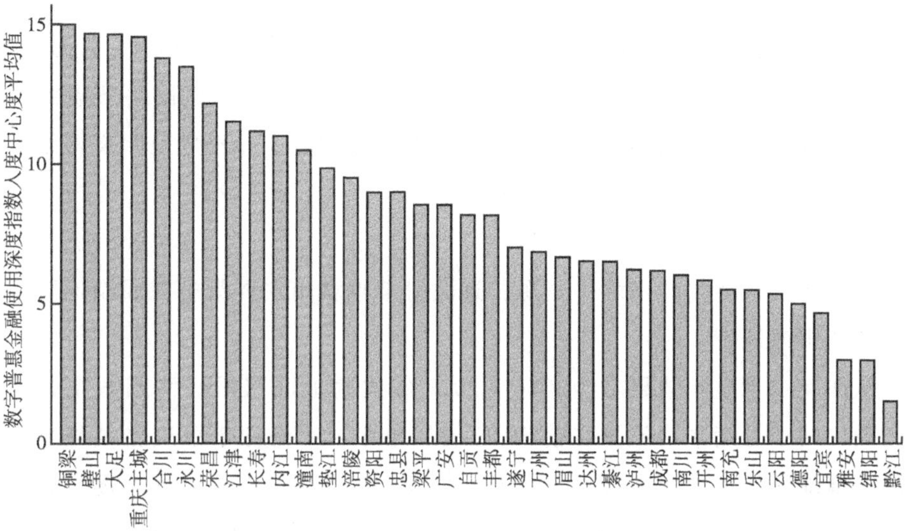

图 4-12　2016~2021 年城市数字普惠金融使用深度指数入度中心度的平均值

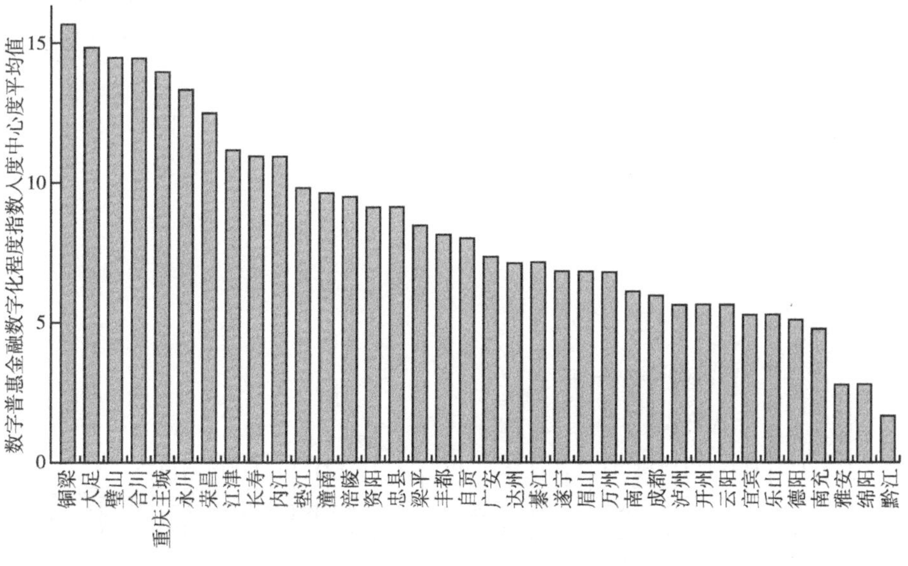

图 4-13　2016~2021 年城市数字普惠金融数字化程度指数入度中心度的平均值

4.3.2 中间中心度与接近中心度

根据2016~2021年成渝地区双城经济圈数字普惠金融发展的引力矩阵，结合前述式（4-9）和式（4-11），可以计算得到空间关联网络节点的中间中心度与接近中心度指标，进而分析节点城市发挥的中介作用及距离网络中心的接近程度。

1. 中间中心度考察。

数字普惠金融空间网络中资源传递关键节点城市主要集中在成渝地区双城经济圈的中部地带。

从图4-14显示结果看，2016~2021年成渝地区双城经济圈数字普惠金融指数中间中心度平均值排名前10位的城市中，都是位于重庆主城与成都之间的中部地带，在中间中心度平均值大于0.08的城市中，广安、遂宁、资阳和重庆主城分别为0.1711、0.1400、0.1359和0.0837，中间中心度介于0.06~0.07的城市是长寿、内江、达州、荣昌和潼南，说明成渝地区双城经济圈中部地带城市是承接各个城市之间数字普惠金融影响传递的关键中介节点，在数字普惠金融空间关联网络中，承担着其他城市之间普惠金融业务交流

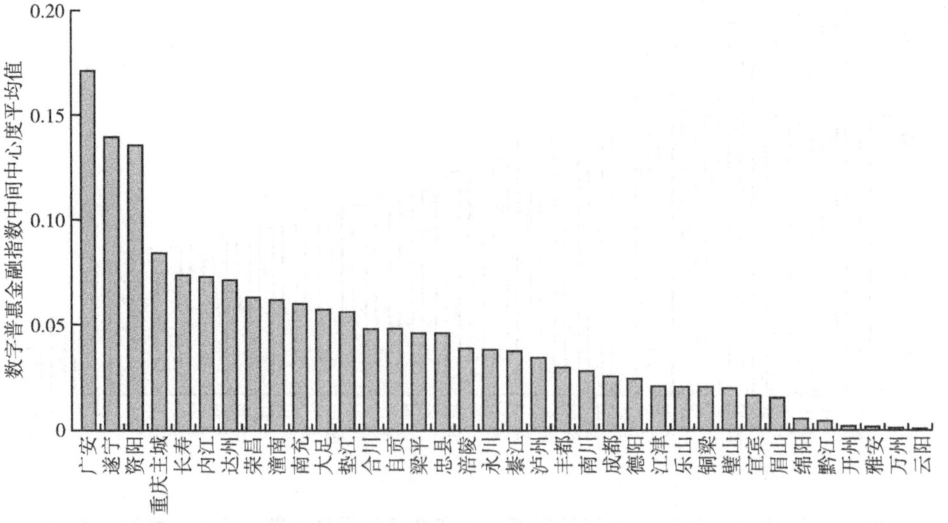

图4-14 2016~2021年城市数字普惠金融指数中间中心度的平均值

的纽带作用，通过中介作用的发挥为成渝地区双城经济圈数字普惠金融网络发展贡献力量。

从图 4 - 15 显示结果看，2016 ~ 2021 年成渝地区双城经济圈数字普惠金融覆盖广度指数中间中心度平均值排名靠前的城市中，大都位于川渝两地的毗邻地区，中间中心度平均值在 0.1 以上的城市中，广安、遂宁、资阳的中间中心度平均值分别为 0.1695、0.1354 和 0.1311，其他位于川渝毗邻区的诸如内江、荣昌等城市的覆盖广度指数中间中心度平均值也相对较高，反映出成渝地区双城经济圈中部地区，特别是川渝两地毗邻地区城市在数字普惠金融覆盖范围提升过程中，起到的中介桥梁作用较强，在强化成渝地区双城经济圈数字普惠金融覆盖面中的贡献度较高，有效地在业务覆盖范围领域拉近不同城市之间的联系，使城市之间的相互作用更加紧密。

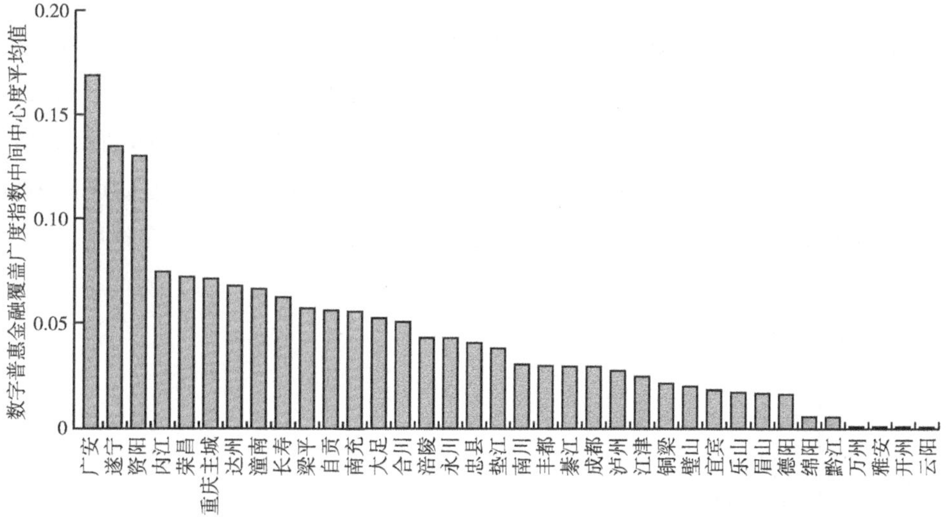

图 4 - 15　2016 ~ 2021 年城市数字普惠金融覆盖广度指数中间中心度的平均值

从图 4 - 16 显示结果看，2016 ~ 2021 年成渝地区双城经济圈数字普惠金融使用深度指数中间中心度平均值较高的城市，如广安、资阳、遂宁，都是位于成渝地区双城经济圈中部地带，中间中心度的平均值分别为 0.1635、0.1292 和 0.1111，反映出处在成渝地区双城经济圈“双核”之间城市，在推动城市之间普惠金融业务往来中起到的积极作用。

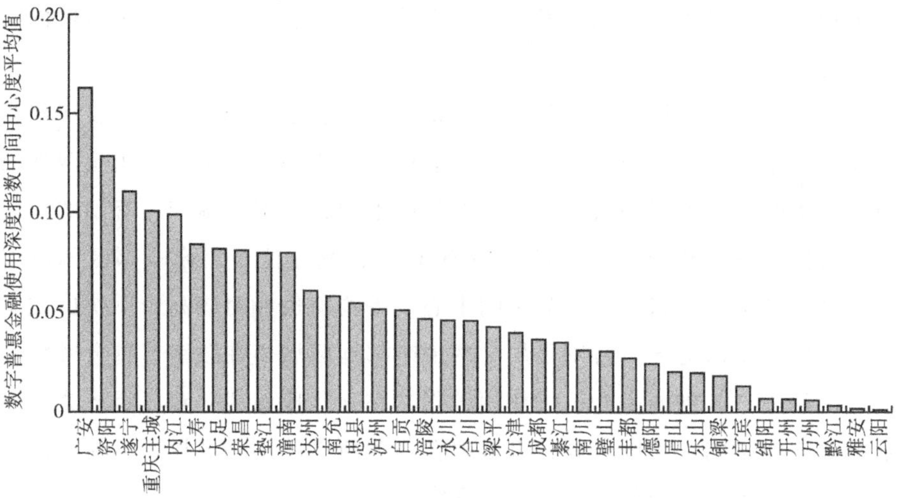

图 4-16　2016～2021 年城市数字普惠金融使用深度指数中间中心度的平均值

从图 4-17 显示结果看，2016～2021 年成渝地区双城经济圈数字普惠金融数字化程度指数中间中心度平均值排名前 4 位的城市，中间中心度平均值均达到 0.1 以上，其中，广安达到 0.1572、资阳达到 0.1244、遂宁达到 0.1021、内江达到 0.1011，反映出这些处于川渝两地毗邻区的城市，在推动成渝地区双城经济圈数字普惠金融数字化发展空间网络中，发挥较强的中介作用。

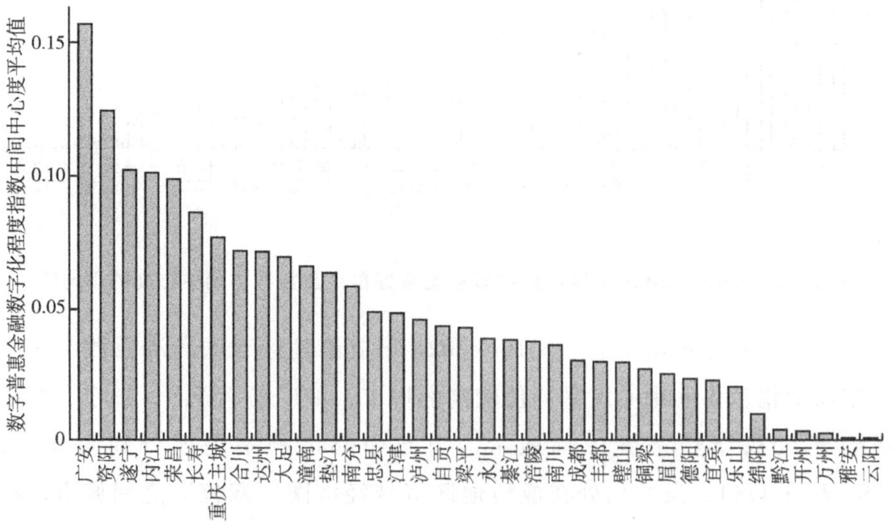

图 4-17　2016～2021 年城市数字普惠金融数字化程度指数中间中心度的平均值

2. 接近中心度考察。

数字普惠金融空间网络中的核心地带位于以重庆主城为核心的重庆都市圈内部。

从图 4 - 18 显示结果看，2016 ~ 2020 年成渝地区双城经济圈数字普惠金融指数接近中心度平均值排名前 10 位的城市中，除了南充和遂宁之外，均是属于重庆都市圈范围内，其中，重庆主城的接近中心度达到 0.5834，铜梁、璧山、大足的接近中心度平均值均在 0.57 以上，分别为 0.5939、0.5787 和 0.5781，合川和广安的接近中心度平均值都达到 0.56 以上，分别是 0.5669 和 0.5663，潼南和长寿分别为 0.5473 和 0.5419，不在重庆都市圈范围内的南充和遂宁的接近中心度分别排名第 7 位和第 9 位。通过数字普惠金融指数接近中心度平均值的排名来看，在数字普惠金融空间关联网络中，相对中心的城市大多集中在重庆主城及渝西地区，即重庆都市圈的范围内，核心地带处在重庆主城与成都两个特大城市间偏重庆主城的地域范围内，表明在成渝地区双城经济圈的两个核心都市圈中，数字普惠金融空间网络的中心位置更偏向重庆都市圈，这与重庆都市圈中城市之间的距离更近有相关关系，空间集聚的城市之间更能凸显出数字普惠金融之间的联系，更好地为发展数字普惠金融空间关联网络提供助力。

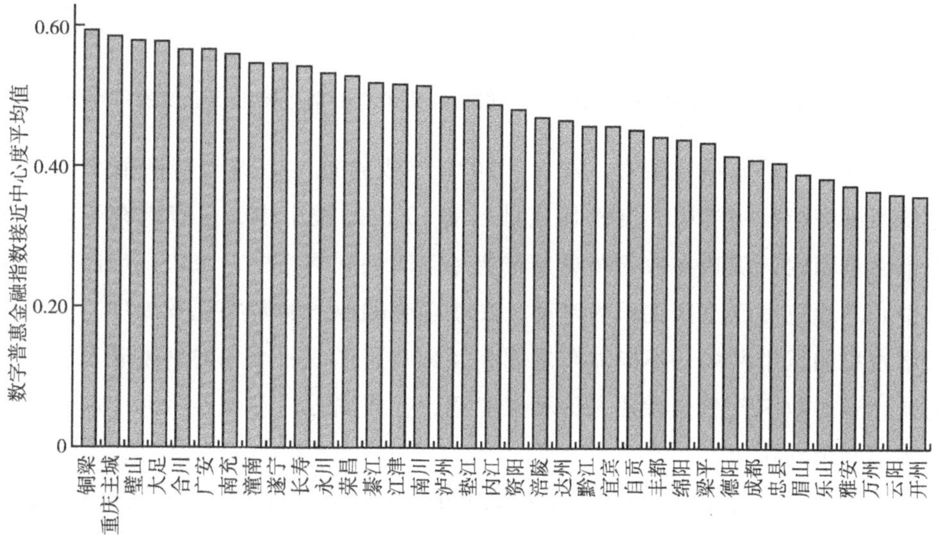

图 4 - 18 2016 ~ 2021 年城市数字普惠金融指数接近中心度的平均值

从图4-19显示结果看，2016~2021年成渝地区双城经济圈数字普惠金融覆盖广度指数接近中心度平均值排名前10位的城市中，也是除了南充和遂宁外，均属于重庆都市圈范围内。其中，铜梁、大足和重庆主城分别达到0.6056、0.5904和0.5818，表明重庆都市圈在数字普惠金融覆盖广度上，处在成渝地区双城经济圈中的核心地带，以重庆主城为核心，辐射带动周边城市的数字普惠金融覆盖程度的提升，进而由点及面，形成相互影响的数字普惠金融覆盖空间网络，在成渝地区双城经济圈数字普惠金融的普及中，发挥着推动作用。

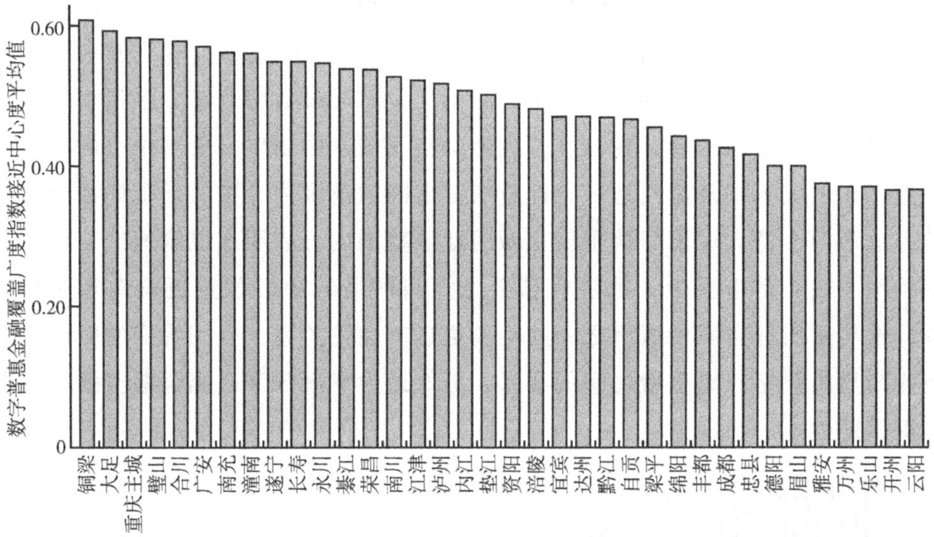

图4-19　2016~2021年城市数字普惠金融覆盖广度指数接近中心度的平均值

从图4-20显示结果看，2016~2021年成渝地区双城经济圈数字普惠金融使用深度指数接近中心度平均值排名前10位的城市中，只有南充不在重庆都市圈范围内，反映在数字普惠金融业务空间关联网络中，重庆都市圈具有较为中心的地位，以重庆主城为带动，在普惠金融业务和数字化发展中，建立起联络密集的城市网络，不同城市之间相互影响，形成一个相对紧密联系的空间网链，通过数字普惠金融业务的相互渗透，在成渝地区双城经济圈中起到一定的辐射和带动作用。

从图4-21显示结果看，2016~2021年成渝地区双城经济圈数字普惠金融数字化程度指数接近中心度平均值排名前10位的城市中，同样只有南充不在重庆都市圈范围内，表明在普惠金融数字化建设领域的空间关联网络中，重庆都市圈也是处在较为中心的位置，能够在重庆主城的带动下，在普惠金融的数字化转型和发展中，建构一个相对密集联系的空间网络，提高域内城市普惠金融的数字化程度，进而引领带动成渝地区双城经济圈数字普惠金融的数字化建设。

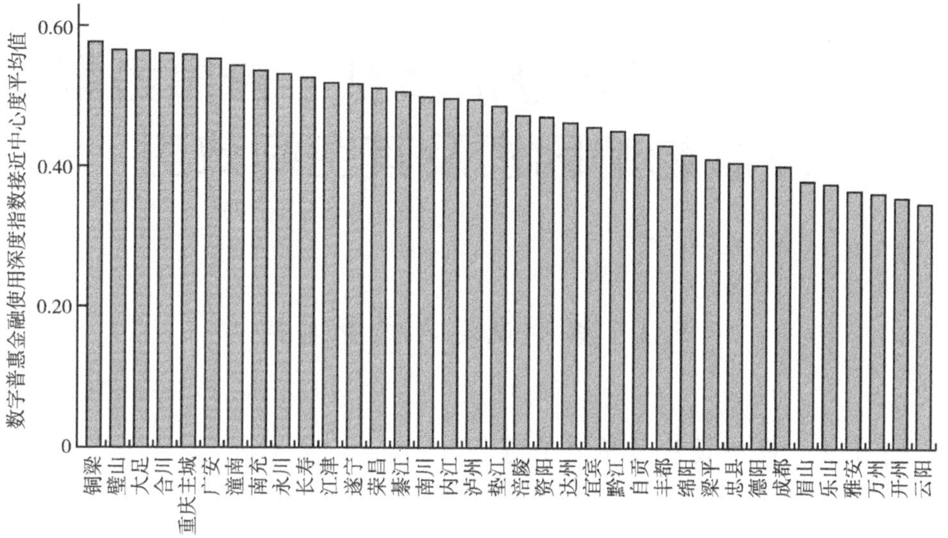

图4-20　2016~2021年城市数字普惠金融使用深度指数接近中心度的平均值

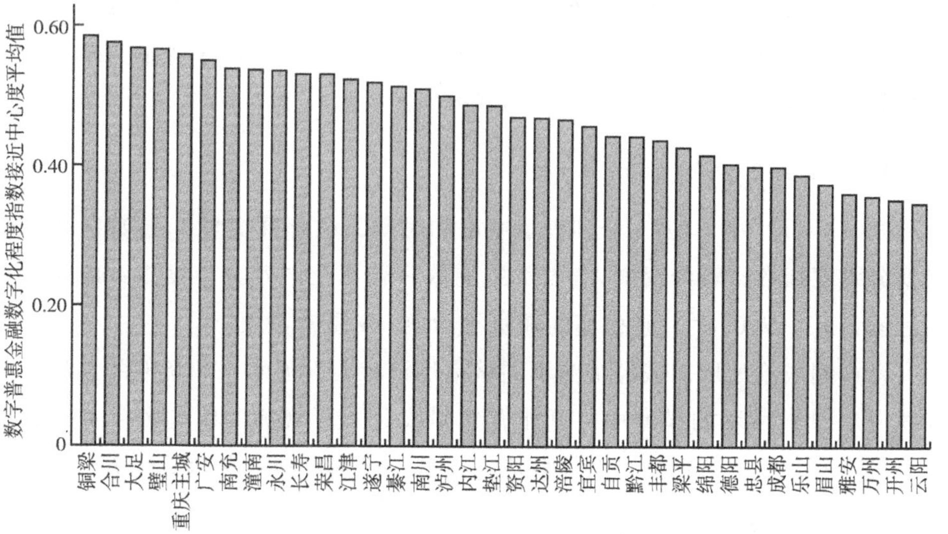

图4-21　2016~2021年城市数字普惠金融数字化程度指数接近中心度的平均值

第5章

成渝地区双城经济圈数字普惠金融发展影响因素及其空间效应

5.1 模型设定与变量选择

5.1.1 模型设计及估计方法

1. 基准回归模型及估计方法。

对于成渝地区双城经济圈数字普惠金融发展影响因素的研究，地域范围涉及36个城市，时间跨度为2016~2021年，属于典型的平衡面板数据集，因而选择面板回归模型来进行实证分析，测度不同影响因素对数字普惠金融及分维度指数的影响效应。构建以下形式的基准回归模型：

$$Y_{it} = \alpha + \sum_{k=1}^{k} \beta_k X_{kit} + \varepsilon_{it} \tag{5-1}$$

式（5-1）中，i 和 t 分别表示城市和时间，被解释变量 Y_{it} 是数字普惠金融及分维度指数，解释变量 X_{kit} 表示影响数字普惠金融及分维度指数的 k 个影响因素，$\varepsilon_{it} \sim N(0,\sigma_{\varepsilon}^2)$ 是模型的随机扰动项，α 是常数项。

考虑到成渝地区双城经济圈不同城市经济社会发展水平和条件的差异，在如式（5-1）所示的模型中，可能有遗漏或是不可观测的影响数字普惠金融发展的变量，需要考虑城市个体效应，模型由式（5-1）拓展为：

$$Y_{it} = \alpha + \sum_{k=1}^{k} \beta_k X_{kit} + \mu_i + \varepsilon_{it} \tag{5-2}$$

式（5-2）中，μ_i 代表城市维度的不随时间变化而变化的影响因素集合，也就是城市的个体效应。

对于城市的个体效应，如果 μ_i 与某些变量 X_{kit} 相关，则应该采用固定效应模型来进行估计。具体方法是：

对式（5－2）两边分城市根据时间来取均值，有：

$$\bar{Y}_i = \bar{\alpha} + \sum_{k=1}^{k} \beta_k \bar{X}_{ki} + \bar{\mu}_i + \bar{\varepsilon}_i \tag{5-3}$$

式（5－3）减去式（5－2）有：

$$(\bar{Y}_{it} - \bar{Y}_i) = (\alpha - \bar{\alpha}) + \sum_{k=1}^{k} \beta_k (X_{kit} - \bar{X}_{ki}) + (\mu_i - \bar{\mu}_i) + (\varepsilon_{it} - \bar{\varepsilon}_i) \tag{5-4}$$

在式（5－4）中，由于常数项和城市个体效应不随时间变化而变化，因而有 $(\alpha - \bar{\alpha}) = 0$ 和 $(\mu_i - \bar{\mu}_i) = 0$，式（5－4）可以简化为：

$$(\bar{Y}_{it} - \bar{Y}_i) = \sum_{k=1}^{k} \beta_k (X_{kit} - \bar{X}_{ki}) + (\varepsilon_{it} - \bar{\varepsilon}_i) \tag{5-5}$$

对式（5－5）进行最小二乘（OLS）估计，则可以消除个体固定效应对参数估计结果的影响。针对式（5－5）的固定效应模型和式（5－1）的混合模型的选择，可以通过 F 检验值进行判断，如果拒绝"所有 $\mu_i = 0$"的原假设，则表明应该允许每个城市个体拥有自己的截距项，即选择式（5－5）的固定效应模型进行回归估计。

上述固定效应模型针对的是 μ_i 与某些变量 X_{kit} 相关的情况，如果认为 μ_i 与所有变量 X_{kit} 均不相关，则可以直接对式（5－2）进行估计，但是由于扰动项由（$\mu_i + \varepsilon_{it}$）组成，OLS 估计不再是最有效率的，须用广义最小二乘法（GLS）进行估计，此时的回归模型也称为随机效应模型。对于式（5－2）进行 GLS 估计的随机效应模型和式（5－1）的混合模型的选择，可以通过 LM 检验值进行判断，如果拒绝"$\sigma_\mu^2 = 0$"的原假设，说明式（5－2）中确实应该有一个反映城市个体特性的随机扰动项 μ_i，须采用随机效应模型进行估计。

在明确存在城市维度的个体效应的条件下，对于固定效应模型和随机效应模型的选择，关键点在于判断城市维度未纳入回归模型的影响因素 μ_i 是否与模型中的某些解释 X_{kit} 变量相关。在"μ_i 与 X_{kit} 不相关"原假设成立的条件下，随机效应模型能够得到一致估计量，且比固定效应模型更有效率，但如果原假设不成立，则随机效应模型不能得到一致估计量，则应选择能够在“μ_i 与 X_{kit} 相关”条件下依然能够得到一致估计量的固定效应模型。对此，运用 Hausman 检验进行判断，如果拒绝“随机效应模型估计量与固定效应模型估计量的差值收敛于 0”的原假设，则表明随机效应模型不能像固定效应模型那样得到一致估计量，应该选择固定效应模型。

假定选择固定效应模型实证分析成渝地区双城经济圈数字普惠金融发展的影响因素，还应该考虑时间维度上一些未被纳入模型的时变因素的影响，在式（5－2）基础上得到：

$$Y_{it} = \alpha + \sum_{k=1}^{k} \beta_k X_{kit} + \mu_i + \mu_t + \varepsilon_{it} \tag{5-6}$$

式（5－6）中，μ_t 代表时间维度的各城市均会受到的随时间而改变的影响因素集合，即时间固定效应。在回归估计中，根据考察期 2016～2021 年生成年份虚拟变量，把 2016 年作为基期，2017～2021 年的年份虚拟变量纳入模型中进行估计。此时，有 $\mu_t = \sum_{t=2}^{t} \gamma_t d_t$，$d_t$ 表示时间上的（$t-1$）个虚拟变量，γ_t 是年份虚拟变量的影响系数。

对于式（5－6）的包含时间固定效应的双固定效应模型，与式（5－2）的固定效应模型的选择，根据对年份虚拟变量回归结果进行联合显著性检验，如果拒绝“所有年份虚拟变量影响系数均为 0”的原假设，则说明确实存在影响成渝地区双城经济圈数字普惠金融发展的时变因素，应该选择包含城市和时间两个维度的双固定效应模型。

为克服模型可能存在的异方差影响，在模型回归中施加城市层面的聚类标准误。同时，选择最小二乘虚拟变量法（LSDV）对双固定效应模型进行估计，作为参照参考。LSDV 模型如下所示：

$$Y_{it} = \alpha + \sum_{k=1}^{k} \beta_k X_{kit} + \sum_{i=2}^{i} \eta_i d_i + \sum_{t=2}^{t} \gamma_t d_t + \varepsilon_{it} \tag{5-7}$$

式（5－7）中，d_i 和 d_t 分别表示城市和时间上的（$i-1$）和（$t-1$）个虚拟变量，用以控制城市维度上不随时间变化，以及时间维度上各城市相同的因素的影响，η_i 和 γ_t 是相应的影响系数。

2. 空间回归模型及估计方法。

前述研究结果显示，成渝地区双城经济圈城市之间数字普惠金融发展的关联性逐年增强，城市之间的数字普惠金融具有相互影响和促进的关系，表现为数字普惠金融发展的空间溢出效应。为测度成渝地区双城经济圈数字普惠金融发展的空间溢出效应，须在基准回归模型基础上，构建空间回归模型。由于成渝地区双城经济圈数字普惠金融影响因素的实证分析数据包含城市和时间两个维度，因而需要建立面板数据形式的空间回归模型。

选择以空间杜宾模型（SDM）为模型选择的起点，建立如式（5－8）所示的 SDM 模型：

$$\mathbf{Y}_t = \boldsymbol{\alpha} + \rho \mathbf{W}\mathbf{Y}_t + \mathbf{X}_t\boldsymbol{\beta} + \mathbf{W}\mathbf{X}_t\boldsymbol{\theta} + \boldsymbol{\mu} + \boldsymbol{\varepsilon}_t \tag{5-8}$$

式（5－8）中，$t=1, 2, \cdots, T$ 表示不同时期。$\mathbf{Y}_t$ 是一个 $n \times 1$ 的矩阵，其中，n 表示截面个体的个数，即本研究中成渝地区双城经济圈的城市个数，$\mathbf{Y}_t$ 就可以表示为成渝地区双城经济圈 36 个城市的数字普惠金融及分维度指数。X_t 是一个 $n \times k$ 的矩阵，其中，k 表示影响数字普惠金融的 k 个影响因素，$\mathbf{X}_t$ 就可以表示为影响数字普惠金融的影响因素，相应地，$\boldsymbol{\beta}$ 作为待估参数，是一个 $k \times 1$ 的矩阵，表征不同影响因素对城市数字普惠金融的影响效应。$\mathbf{W}$ 是一个 $n \times n$ 的空间权重矩阵，矩阵中第 i 行 j 列的元素 w_{ij} 表示 i 城市与 j 城市的空间联系的紧密程度，数值越高，两个城市空间关联越强，当 $i=j$ 时，$w_{ij}=0$，表示城市对自身不具有空间关联性。$\mathbf{W}\mathbf{Y}_t$ 是 i 城市以外所有城市数字普惠金融及分维度指数的加权平均值，表示其他城市数字普惠金融发展对 i 城市数字普惠金融及分维度指数的影响，相应地，ρ 作为待估参数，是一个标量，表征其他城市数字普惠金融及分维度指数均值每增加 1 个单位，对 i 城市数字普惠金融及分维度指数的影响程度。$\mathbf{W}\mathbf{X}_t$ 是 i 城市以外所有城市影响因素的加权平均值，反映其他城市经济指标对 i 城市数字普惠金融及分维度指数的影响，相应地，$\boldsymbol{\theta}$ 作为待估参数，是一个 $k \times 1$ 的矩阵，表示其他城市影响因素的均值变动，对 i 城市数字普惠金融及分维度指数的影响作用大小。$\boldsymbol{\varepsilon}$ 是一个 $n \times 1$ 的矩阵，作为模型中的随机扰动项，满足零均值、同方差、无自相关、服从正态分布的经典假设，以标量形式表示，有 $\varepsilon_{it} \sim N(0, \sigma_{\varepsilon}^2)$，且 $E(\varepsilon_{it}\varepsilon_{js})$，$i \neq j or t \neq s$。$\boldsymbol{\mu}$ 是一个 $n \times 1$ 的矩阵，如果模型为固定效应模型，则 $\boldsymbol{\mu}$ 是反映城市维度、时间维度的向量参数，代表一些未纳入解释变量中的因素对数字普惠金融及分维度指数的影响；如果模型为随机效应模型，则 $\boldsymbol{\mu} \sim N(\mathbf{0}, \sigma_{\mu}^{2}\mathbf{I}_{n})$，在城市或者时间维度上，服从零均值和同方差的分布，视为随机扰动项纳入模型回归分析。$\boldsymbol{\alpha}$ 是一个 $n \times 1$ 的矩阵，代表常数项。

对于式（5-8）而言，在进行下一步分析之前，须先确定 SDM 模型是选择固定效应模型还是随机效应模型。与前述基准回归模型相类似，如果认为在城市维度上存在未纳入模型的影响数字普惠金融发展的非时变变量，则视为有城市维度的固定效应。如果认为在时间维度上存在未纳入模型的影响数字普惠金融发展，且对于全部城市影响无差异的变量，则视为有时间维度的固定效应。如果认为即有城市维度的固定效应，又有时间维度的固定效应，则应该采用双固定模型。针对固定效应类型的判断采用的是似然比检验（LR 检验），原假设为“参数约束有效，有约束模型优于无约束模型”，若 LR 检验统计量大于相应的卡方分布的临界值 $\chi_{\alpha}^{2}(p)$，则应该拒绝原假设，选择无约束模型。在固定效应类型的检验中，城市或者时间固定效应模型相对于双固定模型而言，是有约束模型，即约束 $\boldsymbol{\mu}$ 在时间或者城市维度上的效应为 0，分别就城市固定效应模型、时间固定效应模型对双固定效应模型做 LR 检验，如果均拒绝原假设，则表明双固定效应选择更优，否则就根据检验结果选择城市固定效应模型或者时间固定效应模型。在选定固定效应模型类型基础上，进一步通过前述提及的 Hausman 检验，判断应是选择固定效应模型，还是选择随机效应模型。如果 Hausman 检验值大于显著性水平下的卡方分布的临界值 $\chi_{\alpha}^{2}(p)$，则拒绝原假设，选择固定效应模型；反之，如果 Hausman 检验值小于临界值，则不拒绝原假设，选择随机效应模型。

在确定 SDM 模型的固定或随机效应选择后，下一步是检验 SDM 模型是否会退化为空间自回归模型（SAR）或者空间误差模型（SEM）。

对于 SAR 模型而言，模型蕴含的逻辑是认为其他城市数字普惠金融发展水平会影响 i 城市数字普惠金融及分维度指数，但其他城市的经济指标对 i 城市数字普惠金融发展不产生直接影响。SAR 模型的形式为：

$$\mathbf{Y}_{t} = \boldsymbol{\alpha} + \rho\mathbf{W}\mathbf{Y}_{t} + \mathbf{X}_{t}\boldsymbol{\beta} + \boldsymbol{\mu} + \boldsymbol{\varepsilon}_{t} \tag{5-9}$$

式（5-9）中所有变量和参数的含义与式（5-8）相同，从中可以看出，

SAR模型实质上是SDM模型的退化形式，即认为城市数字普惠金融发展仅受到邻近城市数字普惠金融发展水平的影响，与邻近城市其他经济指标没有直接关系。判断SDM模型是否会退化为SAR模型的方法有两种：一是采取LR检验。相较于SDM模型而言，SAR模型是一种受约束的SDM模型，约束条件为式（5-8）中待估参数矩阵$\boldsymbol{\theta}$中所有元素均为0，因而可以在分别对SDM模型和SAR模型进行回归估计后，通过LR检验值来进行判断，如果LR检验值大于临界值，则拒绝原假设，选择无约束的SDM模型；反之，如果LR检验值小于临界值，则不能拒绝有约束模型更优的原假设，应选择有约束的SAR模型，此时，SDM模型退化为SAR模型。二是采取Wald检验。对SDM模型进行回归估计，通过估计得到的$\hat{\boldsymbol{\theta}}$进行假设检验，原假设为$\theta_1=\theta_2=\cdots=\theta_k$，如果Wald检验值大于显著性水平下的卡方分布临界值$\chi_\alpha^2(p)$，则拒绝原假设，$\boldsymbol{\theta}$不是一个零矩阵，SDM模型不会退化为SAR模型；反之，如果Wald检验值小于临界值，则不能拒绝原假设，SDM模型退化为SAR模型。

对于SEM模型而言，模型蕴含的逻辑是认为i城市数字普惠金融及分维度指数受到邻近地区的影响只是来自于一些不可观测的因素，即其他城市未纳入解释变量的经济指标对i城市数字普惠金融发展产生影响。SEM模型的形式为：

$$
\begin{aligned}
&\mathbf{Y}_t=\boldsymbol{\alpha}+\mathbf{X}_t\boldsymbol{\beta}+\boldsymbol{\mu}+\mathbf{v}_t\\
&\mathbf{v}_t=\lambda\mathbf{W}\mathbf{v}_t+\boldsymbol{\varepsilon}_t
\end{aligned}
\tag{5-10}
$$

式（5-10）中，随机扰动项$\mathbf{v}$是一个$n\times1$的矩阵，由两个部分共同组成，$\lambda\mathbf{W}\mathbf{v}_t$表示来自空间维度的误差干扰，$\lambda$作为待估参数，是一个标量，反映成渝地区双城经济圈城市之间误差的影响。$\boldsymbol{\varepsilon}$仍是一个满足经典假设的随机扰动项。与判断SDM模型是否退化为SAR模型的方法相类似，同样可以通过LR检验与Wald检验判断SDM模型是否会退化为SEM模型。对于LR检验而言，方式与前述判断标准相一致，如果LR统计量大于临界值，则拒绝原假设，SDM模型不会退化为SEM模型；反之，如果LR统计量小于临界值，则SDM模型退化为SEM模型。对于Wald模型而言，是通过判断$\boldsymbol{\theta}$是否等于$-\rho\boldsymbol{\beta}$来确定SDM模型是否退化为SEM模型，当$\boldsymbol{\theta}=-\rho\boldsymbol{\beta}$时，SDM模型退化为SEM模型（Belotti et al.，2017）。通过对估计得到的$\hat{\boldsymbol{\theta}}$、$\hat{\boldsymbol{\beta}}$和$\hat{\rho}$进行假设检验，原

假设为 $\theta_k = -\hat{\rho}\beta_k$，如果 Wald 检验值大于显著性水平下卡方临界值，则拒绝原假设，SDM 模型不会退化为 SEM 模型；反之，如果 Wald 检验值小于显著性水平下卡方临界值，则不拒绝原假设，SDM 模型将退化为 SEM 模型。

在确定 SDM 模型不会退化为 SAR 模型或者 SEM 模型的基础上，还需要比较 SDM 模型与空间自相关误差模型（SAC）估计结果的拟合优良性。对于 SAC 模型而言，有：

$$\begin{aligned} &\mathbf{Y}_t = \boldsymbol{\alpha} + \rho \mathbf{W}\mathbf{Y}_t + \mathbf{X}_t\boldsymbol{\beta} + \boldsymbol{\mu} + \mathbf{v}_t \\ &\mathbf{v}_t = \lambda \mathbf{W}\mathbf{v}_t + \boldsymbol{\varepsilon}_t \end{aligned} \tag{5-11}$$

式（5－11）表明，SAC 模型实质上是 SAR 模型和 SEM 模型的结合，既包括因变量空间滞后项，又包括误差的空间滞后项。由于 SAC 模型与 SDM 模型之间不存在嵌套关系，因而前述 LR 检验和 Wald 检验都不适用于比较 SDM 模型和 SAC 模型拟合的好坏程度，解决思路是通过赤池信息量准则（AIC）来判断模型的拟合优劣，判断标准是 AIC 越小的模型越应该优先选择。

5.1.2 变量选择与描述统计

1. 变量选择与说明。

对成渝地区双城经济圈数字普惠金融发展影响因素的研究，需先梳理可能影响数字普惠金融水平的变量，主要包括：

第一，经济水平。数字普惠金融作为一种普惠制的金融创新业态，与经济社会发展水平息息相关。城市经济水平的提高，意味着更多经济主体参与到社会经济分工体系当中，分工必然产生交易，因而经济发展越迅速，市场交易活动就越频繁，对于货币的需求也就越旺盛，催生出对于金融产业发展的需求。因此，经济水平必然是影响数字普惠金融发展的关键因素。众多经济主体参与城市经济活动，产生对于金融及其衍生服务的需求，包括支付渠道、业务结算、资金借贷等，特别是对于居民个人和小微企业而言，不易像大型企业那样容易得到金融机构的业务支持，更加青睐于数字普惠金融所提供的便捷式的金融服务。为此，有必要分析经济水平对于成渝地区双城经济圈数字普惠金融发展的影响。在变量指标的量化上，选择城市人均地区生产总值作为衡量经济水平的变量，之所以不选择地区生产总值指标，是因为人均地区生产总值更加能够反映城市经济发展水平，特别是表征经济水平的质量，是较为理想的变量指标。

第二，金融发展。数字普惠金融本质上是一种以数字技术赋能的旨在惠及更多经济主体的金融产业业态，从这个意义上看，金融产业发展基础肯定会对数字普惠金融产生影响，城市金融活力越强，则数字普惠金融发展的资源禀赋条件就越好，越有可能推动数字普惠金融的发展。值得注意的是，现阶段数字普惠金融还处在初步发展阶段，在整个金融体系中的比重还不高，同时，考虑数字普惠金融的普惠性质，对于金融资本的收益率可能低于其他金融业态，因而金融发展水平的提升也可能会对数字普惠金融产生一定的挤出效应，即金融发展基础越好的城市，会把金融资源集聚在传统金融业态领域，在传统金融业态发展惯性的影响下，使得数字普惠金融发展速度反而慢于金融发展水平较低的城市。综合来看，金融发展水平一方面为数字普惠金融发展奠定良好基础，另一方面，也会因不同金融板块间的资源竞争从而阻滞数字普惠金融的发展。在金融发展变量指标的选择上，选择金融机构存贷款余额与地区生产总值的比重来进行衡量，该指标较好反映金融存贷款业务发展的相对水平，使得城市之间金融发展水平的比较更加科学、合理。

第三，城镇化。成渝地区双城经济圈建设的重要任务之一就是要构建以重庆主城和成都为核心的现代化的城镇体系，城镇化的稳步推进自然会对城市数字普惠金融发展产生一定的影响。从人口迁移的角度上看，城镇化是一个农村人口转移落户城市的动态过程，其结果是人口在城市的不断集聚，城市建成区人口密度不断提高。人口密度的提高会增加交易活动的频率，进而催生出对于数字普惠金融服务的需求，同时，人口集聚有助于金融机构高效率布局业务网点，以便于为客户提供多元化的金融服务，因而城镇化能对数字普惠金融发展产生一定的积极影响。考虑到数字普惠金融是以数字技术为依托，向客户提供普惠式的金融服务，其服务业务不太受制于地域远近，只要具备信息基础设施条件，客户可以通过互联网使用各项普惠金融服务，因而城镇化引致的人口集聚对数字普惠金融发展的促进作用可能会不太明显。在城镇化变量指标的选择上，直接可以通过城镇化率来进行反映，计算城市城镇人口占总人口的比重即可得到城镇化率的指标数据。

第四，消费活力。城市消费活力可以反映出当地消费水平和消费市场发展潜力，这些都是影响成渝地区双城经济圈数字普惠金融发展的因素。消费活力表征居民消费活动的频率，在最终产品端表现为产品消费需求的增长，会对数字普惠金融服务的需求产生积极作用。居民需要更为便捷的支付手段来完成消费活动，与此同时，持续繁荣的消费市场提供的日益多元化的产品，也会在一定程度上促进居民通过借贷资金来进行超前消费，从而为数字普惠金融发展提供助力。在中间产品端，消费产品主要依靠零售行业来作为联系生产商和消费者的纽带，其中不乏以便利店为代表的个体经营者，以及一些从事消费品批发的小微企业，这些市场经营主体相比制造领域生产商而言，体量规模较小，在进行贸易活动时，不免要产生流动资金需求，但能得到传统金融的支持较少，或是获取信贷资金的成本很高，进而会对数字普惠金融服务产生大量的需求，这种市场需求转化的促进力也会对数字普惠金融发展起到正向影响作用。因此，消费活力会是影响数字普惠金融的影响因素。在消费活力变量指标的选择上，通过社会消费品零售总额与地区生产总值的比值来进行量化，可以较为准确反映既定经济体量下的市场消费活力。

第五，产业结构。产业结构表征一个城市主要的经济业态类型，在不同产业结构的城市中，对于金融服务的要求也会存在差异。现阶段，第一产业增加值占成渝地区双城经济圈地区生产总值的比重在10%以下，城市产业结构大都是以第三产业或者第二产业为主导。理论上看，在第二产业为主导的城市经济中，经济主体主要是重资产的制造型企业，对于信贷资金需求的规模较大，金融服务需求的重点是资金规模，而非“数字”和“普惠”，对数字普惠金融发展的需求引导作用有限。在第三产业为主导的城市经济中，经济主体主要是轻资产的服务领域企业，特别是会拥有较多数量的小微企业，这些经济主体更依赖于普惠式的金融业态为其发展提供资金支持，从而催生出对于数字普惠金融发展的需求，进而促进数字普惠金融发展。此外，数字普惠金融本身属于第三产业的范畴，以第三产业为主导的城市经济体系利于为数字普惠金融业态发展提供所需要的禀赋资源和市场环境，从而助力数字普惠金融发展。在产业结构变量指标的选择上，考虑研究成渝地区双城经济圈数字普惠金融发展影响因素的实际，通过第三产业增加值占地区生产总值的比重来进行量化。

第六，财政支出。作为地区生产总值的来源之一，政府支出对于城市经济增长产生影响，也会作用于数字普惠金融的发展。根据宏观经济学的 IS－LM 模型，政府扩大财政支出能够推动 IS 曲线向右方移动，从而促进经济总产出的增长，会对数字普惠金融发展产生一定的积极影响，因而财政支出会是影响数字普惠金融发展的有利因素。也应当注意到，上述理论分析的逻辑主要是从经济总量的分析出发，没有考虑城市经济的产业业态结构问题，不能确定投入的财政资金有多少能够直接作用于数字普惠金融发展。按照 IS－LM 模型分析框架，政府财政支出在推动经济产出增长的同时，会引致市场利率的提高，对私人部门投资产生"挤出效应"的同时，还会造成数字普惠金融业态的经营成本上升，挤占从事数字普惠金融服务的经济主体的利润空间，不利于数字普惠金融的发展。所以，财政支出对数字普惠金融发展理应会产生影响，不过影响方向和效应存在不确定性。在财政支出变量指标的选择上，通过地方一般公共预算支出占地区生产总值比重来进行衡量。

第七，对外贸易。构建以国内大循环为主，国内国际双循环的新发展格局，是党中央和国务院做出的重要发展部署。具体到成渝地区双城经济圈，也是要以打造内陆改革开放新高地为发展目标。表征外向型经济发展水平的对外贸易，对于城市经济社会发展产生影响，也会对数字普惠金融产生一定的影响作用。从进口端来看，重庆市和四川省的进口额在西部地区排名前 2 位，众多进口消费品在成渝地区双城经济圈集散，对于居民消费需求产生促进作用，创造出对于数字普惠金融业态提供的借贷资金、电子支付等服务的需求，从而对数字普惠金融发展产生影响。同时，从事进口商品零售的小微企业数量的增加，也会对数字普惠金融产生相应的需求。从出口端来看，重庆市和四川省的出口额同样是在西部地区居于前 2 位的位置，数字金融服务能为生产商与贸易商之间的支付和结算提供诸多便利，因而城市出口额的提升也会对数字普惠金融发展起到一定积极作用。在对外贸易变量指标的选择上，通过贸易依存度来进行衡量，量化方式是计算进出口额与地区生产总值比重得到。

2. 数据来源与描述。

研究使用的原始数据来源于历年《中国城市统计年鉴》《重庆统计年鉴》

和《四川统计年鉴》。考虑成渝地区双城经济圈中重庆市区县与四川省地级市之间的体量差别，与前述数字普惠金融及分维度指数测算方式保持一致，基于数据的可得性，对于四川省地级市的人均地区生产总值、社会消费品零售总额与地区生产总值比值、第三产业占地区生产总值的比重和地方一般公共预算支出占地区生产总值比重这4个指标数据，选择市辖区口径进行统计，其余指标数据以全市口径进行计算，考虑到实证研究设计均是平均或是比值数据，能够尽可能克服统计口径差异带来的影响。对于重庆市主城区数据的处理，与前述分析相一致，通过计算主城区的平均值来作为重庆主城的指标数据。为了消除价格因素的影响，须对要代入回归分析的人均地区生产总值数据进行价格平减处理，通过计算国内生产总值的GDP平减指数来消除价格因素影响，把人均地区生产总值数据变为以2016年为基期的不变价格进行衡量。同时，为避免数据量纲带来的影响，对于经济水平数据，是取自然对数代入模型进行回归分析。成渝地区双城经济圈36个城市2016～2021年数据的描述性统计结果见表5－1。

表5－1　　描述性统计结果

变量	单位	均值	标准差	最大值	最小值
数字普惠金融指数	无	106.70	9.416	128.96	83.54
覆盖广度指数	无	93.51	4.245	108.68	83.89
使用深度指数	无	130.74	20.794	176.40	80.49
数字化程度指数	无	106.55	13.808	125.43	65.01
经济水平	元（2016年价格）	57937.69	19498.565	112491.38	23556.00
金融发展	无	2.15	0.847	5.64	1.08
城镇化	%	55.63	11.247	93.99	35.61
消费活力	无	0.43	0.109	0.73	0.22
产业结构	%	42.23	9.649	70.28	19.08
财政支出	%	12.57	6.181	34.25	3.85
对外贸易	%	5.27	10.244	64.94	0.02

5.2　基准回归模型估计与分析

5.2.1　总体影响效应分析

基于成渝地区双城经济圈 36 个城市 2016 ~ 2021 年数字普惠金融指数的基准回归结果见表 5 – 2。模型（2）的固定效应检验和模型（3）的随机效应检验均在 1% 显著性水平下拒绝混合模型与城市个体效应模型估计结果无明显差别的原假设，Hausman 检验在 1% 显著性水平下拒绝随机效应模型估计结果与固定效应模型估计结果差值收敛于 0 的原假设，表明应该选择城市维度的固定效应模型。进一步检验是否在时间维度上也存在固定效应，对模型（4）估计得到的时间虚拟变量显著性的联合检验结果，在 1% 显著性水平下拒绝时间虚拟变量影响系数均为 0 的原假设，说明基准回归模型应该选择双固定效应模型。

表 5 – 2　　数字普惠金融指数的基准回归模型估计结果

变量	模型（1）	模型（2）	模型（3）	模型（4）	模型（5）	模型（6）
	混合模型	固定效应	随机效应	固定效应	双固定模型	LSDV 模型
经济水平	14.901 *** (7.75)	28.405 *** (9.14)	15.976 *** (7.80)	4.328 ** (2.57)	4.328 ** (2.11)	4.328 ** (2.11)
金融发展	−3.998 *** (−4.28)	3.750 * (1.89)	−4.214 *** (−4.38)	1.183 (1.24)	1.183 (1.09)	1.183 (1.09)
城镇化	−0.132 ** (−2.13)	0.688 *** (4.55)	−0.144 ** (−2.15)	0.053 (0.86)	0.053 (1.01)	0.053 (1.01)
消费活力	8.095 * (1.78)	−6.921 (−1.51)	6.578 (1.41)	6.057 *** (3.32)	6.057 ** (2.34)	6.057 ** (2.34)
产业结构	0.687 *** (10.38)	0.485 *** (6.59)	0.737 *** (11.00)	0.068 * (1.90)	0.068 * (1.70)	0.068 * (1.70)
财政支出	−0.083 (−1.14)	0.182 (1.24)	−0.072 (−0.91)	0.010 (0.19)	0.010 (0.23)	0.010 (0.23)

续表

变量	模型（1）	模型（2）	模型（3）	模型（4）	模型（5）	模型（6）
	混合模型	固定效应	随机效应	固定效应	双固定模型	LSDV 模型
对外贸易	0.185** (2.32)	0.400*** (5.59)	0.186** (2.33)	0.086*** (3.18)	0.086*** (4.07)	0.086*** (4.07)
常数项	-72.360*** (-3.48)	-271.524*** (-8.26)	-84.589*** (-3.85)	33.194 (1.63)	33.194 (1.38)	47.962* (1.96)
样本数	216	216	216	216	216	216
个体效应	不控制	控制	控制	控制	控制	控制
时间效应	不控制	不控制	不控制	控制	控制	控制
标准误	不修正	不修正	不修正	不修正	聚类标准误	聚类标准误
r2	0.638	0.834		0.981	0.981	0.984
r2_a	0.625	0.793		0.975	0.980	0.979
r2_o		0.384	0.637	0.942	0.942	
r2_w		0.834	0.728	0.981	0.981	
r2_b		0.686	0.626	0.757	0.757	
F	52.280	123.824		714.762	976.139	5.174
Wald			387.498			

注：() 内为 T 检测值或者 Z 检测值，“***”“**”和“*”分别表示在 1%、5% 和 10% 显著性水平下显著，r2、r2_a、r2_o、r2_w 和 r2_b 分别是拟合优度、调整后拟合优度、总体估计拟合优度、组内估计拟合优度和组间估计拟合优度，F 和 Wald 是 F 检验值和 Wald 检验值，表格内容为空表示模型回归结果中无该项数值。

模型（5）和模型（6）分别是组内估计和 LSDV 模型的结果，对比两种不同估计方法，得到的结果基本一致，表明基准回归模型估计结果具有稳健性。为便于论述，选择以模型（6）的回归结果为准，分析不同影响因素对数字普惠金融指数的影响效应。

经济水平、消费活力、产业结构和外贸发展会对数字普惠金融总体发展产生显著的积极影响。具体而言：一是城市人均地区生产总值每提高 1%，可以促进数字普惠金融指数平均提高 0.043，且在 5% 显著性水平下显著，表明经济水平确是影响数字普惠金融发展的关键性因素，在打造具有全国影响力重要经济中心的过程中，经济生产能力的提升在带动整体经济社会发展的同时，对于数字普惠金融发展也能产生积极影响，越来越多的经济活动与数字化、信息化技术深度融合，更多的小微企业、个体经营者和居民个人通过普惠式的金融服务进入到城市经济体系中来，对于数字普惠金融服务的需求日益旺盛，推动成渝地区双城经济圈数字普惠金融不断向前发展。二是社会消费品零售总额与地区生产总值的比值每提高 0.01，可以促使数字普惠金融指数平均提高 0.061，且影响系数在5%显著性水平下显著，表明消费活力确实可以为数字普惠金融的整体发展带来有利的作用，表现为消费品零售业的快速发展，使得城市交易活动持续增加，带来大量的数字支付需求，对数字普惠金融发展产生需求促进作用，同时，规模不断扩大的交易市场，也使得小微企业和居民个人等经济活动参与主体具有更大信贷资金需求，对于普惠式的信贷业务更加依赖，进而加快城市数字普惠金融的发展步伐。三是第三产业增加值占地区生产总值比重每提高 1 个百分点，能够使得数字普惠金融指数平均提高 0.068，且影响系数在 10% 显著性水平下显著，反映出产业结构变化对数字普惠金融整体发展产生的积极影响，越高的第三产业增加值比重，意味着城市产业以服务业为主导，其具有的多主体、轻资产、频交易的特征，在需求层面有效激发数字普惠金融发展的动力。同时，第三产业为主导的城市体系使得要素禀赋有机构成倾向于与服务业发展相匹配，为数字普惠金融业态的发展创造良好条件，从供需两端促进数字普惠金融的发展。四是贸易依存度指标每提高 1 个百分点，可以使得数字普惠金融指数平均提高 0.086，且在 1% 显著性水平下显著，表明外贸发展引致的国内国际循环格局的建立，在出口市场和进口市场均对数字化、普惠制的金融服务产生需求，吸引更多经济主体参与国际贸易活动的同时，有效带动数字普惠金融的发展。

5.2.2　分维度的影响效应

在对成渝地区双城经济圈数字普惠金融指数影响因素分析基础上，进一步分维度分析不同影响因素对于数字普惠金融覆盖广度、使用深度和数字化程度的影响效应。

1. 数字普惠金融覆盖广度的影响效应分析。

对数字普惠金融覆盖广度指数影响因素进行回归分析，不同模型得到的估计结果见表 5 - 3。

表 5-3　　数字普惠金融覆盖广度指数的基准回归模型估计结果

变量	模型（1）	模型（2）	模型（3）	模型（4）
	混合模型	固定效应	随机效应	随机效应
经济水平	4.917*** (6.93)	7.460*** (6.42)	5.920*** (6.63)	5.920*** (5.57)
金融发展	1.955*** (5.67)	2.748*** (3.71)	2.100*** (5.23)	2.100*** (5.55)
城镇化	0.125*** (5.46)	0.050 (0.89)	0.083** (2.51)	0.083** (2.45)
消费活力	4.162** (2.48)	7.289*** (4.24)	6.062*** (3.87)	6.062*** (3.58)
产业结构	0.040 (1.64)	-0.006 (-0.22)	0.012 (0.53)	0.012 (0.45)
财政支出	-0.090*** (-3.36)	0.027 (0.49)	-0.035 (-0.91)	-0.035 (-0.77)
对外贸易	-0.035 (-1.19)	0.023 (0.84)	0.004 (0.18)	0.004 (0.27)
常数项	26.534*** (3.46)	0.098 (0.01)	17.111* (1.84)	17.111 (1.56)
样本数	216	216	216	216
个体效应	不控制	控制	不控制	不控制
时间效应	不控制	不控制	不控制	不控制
误差修正	不修正	不修正	不修正	聚类标准误
r2	0.757	0.533		
r2_a	0.749	0.420		
r2_o		0.710	0.743	0.743
r2_w		0.533	0.525	0.525
r2_b		0.758	0.799	0.799
F	92.415	28.204		
Wald			324.018	296.176

注：() 内为 T 检测值或者 Z 检测值，“***”“**”和“*”分别表示在 1%、5% 和 10% 显著性水平下显著，r2、r2_a、r2_o、r2_w 和 r2_b 分别是拟合优度、调整后拟合优度、总体估计拟合优度、组内估计拟合优度和组间估计拟合优度，F 和 Wald 是 F 检验值和 Wald 检验值，表格内容为空表示模型回归结果中无该项数值。

模型（2）的固定效应F检验值为7.72，对应的P值为0，因而拒绝城市维度固定效应影响系数均为0的原假设，表明固定效应模型优于混合模型。模型（3）的随机效应LM检验值为129.45，对应的P值为0，拒绝城市个体随机效应方差为0的原假设，说明随机效应模型优于混合模型。Hausman检验值为8.39，对应的P值为0.39，因而不能拒绝随机效应模型估计结果与固定效应模型估计结果差值收敛于0的原假设，考虑随机效应估计结果更有效，需要选择随机效应模型。模型（4）是用聚类标准误修正可能存在的异方差和自相关问题后得到的随机效应模型估计结果，该结果用于分析不同影响因素对成渝地区双城经济圈数字普惠金融覆盖广度指数的影响。

经济水平、金融发展、城镇化和消费活力会对数字普惠金融覆盖广度产生显著的正向影响。具体而言：一是经济水平影响系数估计值为5.920，在1%显著性水平下显著，城市人均地区生产总值每上升1%，数字普惠金融覆盖广度指数平均提高0.592，表明城市经济实力的增强，能够较好地促进经济主体的金融服务需求，提高以支付宝为代表的数字金融产品的使用覆盖率，让更多参与经济活动的人们应用数字普惠金融产品，对于拓展数字普惠金融的覆盖面起到积极的作用。二是金融发展影响系数的估计值为2.100，能够通过1%显著性水平的检验，金融机构存贷款余额与地区生产总值的比值每提高0.01，数字普惠金融覆盖广度指数平均提高0.021，说明城市金融产业发展基础，对于数字化、普惠式的金融创新产品的覆盖广度产生积极影响，越大规模的金融业务，越能够促使经济主体从中选择数字普惠业务来进行体验和使用，使得数字普惠金融服务在成渝地区双城经济圈中的覆盖范围持续扩张。三是城镇化影响系数的估计值为0.083，且能够通过5%显著性水平的检验，城镇化率每提高1个百分点，相应的带动数字普惠金融覆盖广度指数平均提高0.083，表明人口向城市的集聚，能够加强城市人口密度，使得信息在人群中的传播速度更快，数字技术应用通过人与人之间的沟通和交流，应用性持续增加，使得越来越多的居民开通支付宝为代表的移动支付账户，商家也越倾向于通过移动支付账户进行收款和结算，大大加强了数字普惠金融应用的普及率。四是消费活力影响系数的估计值为6.062，能够通过1%显著性水平检验，社会消费品零售额与地区生产总值比值每增加0.01，促使数字普惠金融覆盖广度提高0.061，反映出消费市场活跃程度对扩大数字普惠金融的覆盖面起到积极的推动作用，消费产品零售业繁荣带来产品交换活动的大幅增加，在信息技术日益普及的条件下，产生大量的移动支付需求，加大经济主体对于移动支付账户运用的意愿，使得数字普惠金融覆盖广度不断扩张。

2. 数字普惠金融使用深度的影响效应分析。

对数字普惠金融使用深度指数影响因素进行回归分析，不同模型得到的估计结果见表5-4。

表5-4　　数字普惠金融使用深度指数的基准回归模型估计结果

变量	模型（1）	模型（2）	模型（3）	模型（4）	模型（5）	模型（6）
	混合模型	固定效应	随机效应	固定效应	双固定模型	LSDV模型
经济水平	33.106***	67.543***	33.928***	2.061	2.061	2.061
	(7.05)	(9.03)	(7.07)	(0.61)	(0.48)	(0.48)
金融发展	-10.775***	12.447***	-10.932***	0.144	0.144	0.144
	(-4.72)	(2.61)	(-4.74)	(0.08)	(0.06)	(0.06)
城镇化	-0.485***	1.618***	-0.494***	-0.090	-0.090	-0.090
	(-3.20)	(4.44)	(-3.18)	(-0.73)	(-0.72)	(-0.72)
消费活力	18.585*	-16.631	17.657	12.717***	12.717***	12.717***
	(1.67)	(-1.50)	(1.58)	(3.47)	(2.89)	(2.89)
产业结构	1.528***	0.913***	1.566***	0.014	0.014	0.014
	(9.45)	(5.15)	(9.63)	(0.19)	(0.17)	(0.17)
财政支出	-0.256	0.217	-0.250	-0.023	-0.023	-0.023
	(-1.45)	(0.61)	(-1.38)	(-0.22)	(-0.22)	(-0.22)
对外贸易	0.447**	0.987***	0.446**	0.180***	0.180***	0.180***
	(2.30)	(5.73)	(2.29)	(3.32)	(4.12)	(4.12)
常数项	-251.946***	-762.389***	-261.377***	69.119*	69.119	106.280*
	(-4.96)	(-9.64)	(-5.06)	(1.68)	(1.34)	(2.02)
样本数	216	216	216	216	216	216
个体效应	不控制	控制	控制	控制	控制	控制
时间效应	不控制	不控制	不控制	控制	控制	控制
误差修正	不修正	不修正	不修正	不修正	聚类标准误	聚类标准误
r2	0.556	0.818		0.985	0.985	0.987

续表

变量	模型（1）	模型（2）	模型（3）	模型（4）	模型（5）	模型（6）
	混合模型	固定效应	随机效应	固定效应	双固定模型	LSDV 模型
r2_a	0.541	0.774		0.981	0.984	0.983
r2_o		0.249	0.556	0.918	0.918	
r2_w		0.818	0.677	0.985	0.985	
r2_b		0.491	0.436	0.399	0.399	
F	37.171	111.186		942.037	1442.686	4.423
Wald			267.472			

注：( ) 内为 T 检测值或者 Z 检测值，“ *** ”“ ** ” 和 “ * ” 分别表示在 1%、5% 和 10% 显著性水平下显著，r2、r2_a、r2_o、r2_w 和 r2_b 分别是拟合优度、调整后拟合优度、总体估计拟合优度、组内估计拟合优度和组间估计拟合优度，F 和 Wald 是 F 检验值和 Wald 检验值，表格内容为空表示模型回归结果中无该项数值。

模型（2）估计得到的固定效应检验的 F 值为 8.44，在 1% 显著性水平下显著，说明固定效应模型优于混合模型。模型（3）估计得到的随机效应检验的 LM 值为 6.77，同样在 1% 显著性水平下显著，说明随机效应模型优于混合模型。Hausman 检验值为 116.67，在 1% 显著性水平下显著，表明应该选择城市个体效应模型。在此基础上，模型（4）进行的时间维度固定效应检验的 F 检验值为 383.67，在 1% 显著性水平下拒绝时间虚拟变量影响系数全部为 0 的原假设，说明应建立城市和时间维度的双固定效应模型。模型（5）和模型（6）均用聚类标准误进行误差修正，作为组内估计和 LSDV 模型的结果，相差不大，选择模型（6）的结果来进行下一步的分析。

数字普惠金融使用深度主要受到来自消费活力和对外贸易的影响。具体而言：一方面，社会消费品零售总额与地区生产总值的比值每提高 0.01，会促进数字普惠金融使用深度指数平均提高 0.12，且在 1% 显著性水平下显著，表明消费活力能够显著加强数字普惠金融服务的使用深度，越发繁荣的消费品零售市场带来越为多元的消费产品，刺激居民个人的消费需要，对于部分收入水平不足以支撑消费意愿的人群而言，数字普惠金融提供的个人消费贷服务有助于在适度超额消费前提下，把对消费产品的需要转化为实际的需求，因而消费活力能够促进数字普惠金融的使用深度。同时，越高水平的消费品零售市场中往往具有更多的经营主体，其中不乏小微经营者，这些经营者在从事消费品零售业务中，会产生对借贷资金的需要，囿于经营规模，不容易通过传统信贷渠道获得融资支持，更多的需要依靠互联网小微经营贷来进行资金周转，所以，消费活力越强的城市，数字普惠金融的使用深度普遍强于消费活力弱的城市。另一方面，进出口总额占地区生产总值的比重每提高1个百分点，能够促进数字普惠金融使用深度指数平均提高0.180，且在1%显著性水平下显著，反映出对外贸易依存度对于数字普惠金融使用深度产生积极影响。在对外贸易的进口市场中，不乏有很多满足居民日益增长的多元化需求的进口消费品，居民个人对于这些消费品的需要，会促进互联网消费贷的需求。同时，从事进口产品销售的个体经营户，也会产生对于数字支付业务的需求，从而加深数字普惠金融的使用。在对外贸易的出口市场中，不少小微企业依托外贸企业参与出口产品的生产，这些小微企业在业务经营过程中，有通过互联网小微经营贷获取融资支持的需求，从而也会对数字普惠金融使用深度产生影响。

3. 数字普惠金融数字化程度的影响效应分析。

对数字普惠金融数字化程度指数影响因素进行回归分析，不同模型得到的估计结果如表5-5所示。模型（2）估计得到的固定效应检验的F值为5.84，在1%显著性水平下显著，说明固定效应模型优于混合模型。模型（3）估计得到的随机效应检验的LM值为0，说明随机效应模型与混合模型结果没有明显区别。在选择城市维度的个体固定效应模型的基础上，模型（4）进行的时间维度固定效应检验的F检验值为131.26，在1%显著性水平下拒绝时间虚拟变量影响系数全部为0的原假设，说明应建立城市和时间维度的双固定效应模型。模型（5）和模型（6）估计结果相差不大，与前述分析思路相一致，选择模型（6）的结果来进行下一步的分析。

表5-5　数字普惠金融数字化程度指数的基准回归模型估计结果

变量	模型（1）	模型（2）	模型（3）	模型（4）	模型（5）	模型（6）
	混合模型	固定效应	随机效应	固定效应	双固定模型	LSDV模型
经济水平	14.788***	26.449***	14.788***	7.999*	7.999	7.999
	(4.34)	(4.38)	(4.34)	(1.84)	(1.55)	(1.55)
金融发展	-11.344***	-8.746**	-11.344***	2.305	2.305	2.305
	(-6.86)	(-2.27)	(-6.86)	(0.94)	(1.09)	(1.09)

续表

变量	模型（1）	模型（2）	模型（3）	模型（4）	模型（5）	模型（6）
	混合模型	固定效应	随机效应	固定效应	双固定模型	LSDV 模型
城镇化	-0.339*** (-3.09)	1.104*** (3.76)	-0.339*** (-3.09)	0.222 (1.41)	0.222 (1.58)	0.222 (1.58)
消费活力	2.023 (0.25)	-36.200*** (-4.05)	2.023 (0.25)	0.571 (0.12)	0.571 (0.12)	0.571 (0.12)
产业结构	1.294*** (11.04)	1.331*** (9.30)	1.294*** (11.04)	0.290*** (3.15)	0.290** (2.58)	0.290** (2.58)
财政支出	0.257** (2.01)	0.633** (2.22)	0.257** (2.01)	0.217 (1.60)	0.217** (2.16)	0.217** (2.16)
对外贸易	0.434*** (3.08)	0.581*** (4.18)	0.434*** (3.08)	0.098 (1.41)	0.098* (1.75)	0.098* (1.75)
常数项	-72.575** (-1.97)	-276.455*** (-4.33)	-72.575** (-1.97)	-36.844 (-0.70)	-36.844 (-0.59)	-13.757 (-0.22)
样本数	216	216	216	216	216	216
个体效应	不控制	控制	控制	控制	控制	控制
时间效应	不控制	不控制	不控制	控制	控制	控制
误差修正	不修正	不修正	不修正	不修正	聚类标准误	聚类标准误
r2	0.471	0.750		0.949	0.949	0.951
r2_a	0.454	0.690		0.935	0.946	0.936
r2_o		0.192	0.471	0.778	0.778	
r2_w		0.750	0.649	0.949	0.949	
r2_b		0.130	0.016	0.176	0.176	
F	26.497	74.324		261.275	282.341	4.842
Wald			185.477			

注：() 内为T检测值或者Z检测值，“***”“**”和“*”分别表示在1%、5%和10%显著性水平下显著，r2、r2_a、r2_o、r2_w和r2_b分别是拟合优度、调整后拟合优度、总体估计拟合优度、组内估计拟合优度和组间估计拟合优度，F和Wald是F检验值和Wald检验值，表格内容为空表示模型回归结果中无该项数值。

产业结构、财政支出和对外贸易会对数字普惠金融数字化程度产生显著的正向影响。具体而言：一是产业结构对数字普惠金融数字化程度指数的影响系数为0.290，且能够通过5%显著性水平检验，第三产业增加值占地区生产总值比重每上升 1 个百分点，数字普惠金融数字化程度指数平均提高 0.290，说明第三产业发展有助于推动数字普惠金融的移动化、实惠化、信用化和便利化，其实践逻辑在于现代服务业发展带来交易活动频率的大幅提高，越来越多的资金支付需要催生出对于移动支付的需求，从而加快数字普惠金融数字化程度的提升。同时，商业经济深入发展，参与经济活动的主体对于交易对象的信用信息获取的意愿就越强烈，目的在于降低交易风险，因而对用户的信用评估的需要会显著增加，进而强化数字普惠金融数字化程度中的信用化发展。二是财政支出对数字普惠金融数字化程度指数的影响系数为 0.217，在 5% 显著性水平下显著，地方财政预算支出占地区生产总值比重每提高 1 个百分点，能够促进数字普惠金融数字化程度指数平均提高 0.217，反映出财政资金支持对于数字普惠金融数字化程度的积极作用，主要体现在数字化政府建设日益深入的条件下，政府相关财政和税收活动的支付渠道越来越多采取移动支付的方式，从而对数字化程度中的移动化和便利化产生推动作用。三是对外贸易对数字普惠金融数字化程度指数的影响系数为 0.098，可以通过 10% 显著性水平检验，贸易依存度每提高 1 个百分点，可以促进数字普惠金融数字化程度指数平均提高 0.098，表明城市对外贸易活动的增加，确能促进数字普惠金融数字化的发展，主要体现为与对外贸易生产经营相关的经济活动的频率加强，产生大量的依托互联网的移动支付需求，从而加快数字普惠金融移动化、便利化的发展步伐，相关经营活动产生的对于客户信用信息获取的需求，又有利于加强数字普惠金融信用化的发展。

5.3 空间回归模型估计与分析

5.3.1 空间权重的设定

对于前述构建的空间回归模型中的 $n \times n$ 空间权重矩阵 $\mathbf{W}$，选择依据成渝地区双城经济圈城市之间的距离大小来进行设定，包括地理距离矩阵和经济距离矩阵。

1. 地理距离权重矩阵。

地理距离矩阵设定的基本逻辑是根据两个城市之间距离的远近，来判断两地之间数字普惠金融发展的相互影响。两地空间距离越远，则数字普惠金融发展的相互影响就会越弱。基于地理距离的权重矩阵中第 i 行第 j 列的元素计算方式如下所示：

$$w_{ij}^{d}=\begin{cases}0 & i=j\\ \dfrac{1}{d_{ij}^{2}} & i\neq j\end{cases} \tag{5-12}$$

式（5-12）中，w_{ij}^{d}是地理距离权重矩阵$\mathbf{W}^{d}$中第 i 行第 j 列的元素，当 $i=j$ 时，$w_{ij}^{d}=0$，表示城市对其本身不会产生空间影响。当 $i\neq j$ 时，w_{ij}^{d}是 i 城市与 j 城市距离平方的倒数，与前述分析相同，成渝地区双城经济圈城市之间的距离通过计算两地之间行政中心的经纬度得到，数据来源于高德地图。两个城市之间距离越近，则两地数字普惠金融相互作用力就会越强，来自 j 城市的影响效应在所有影响 i 的城市中影响效应所占比重就会越大。

2. 经济距离权重矩阵。

经济距离矩阵设定的基本逻辑是根据两个城市之间经济体量的大小，来判断两地之间数字普惠金融发展的相互影响程度。两地经济体量大小越接近，则数字普惠金融发展的相互影响就会越强。基于经济距离的权重矩阵中第 i 行第 j 列的元素计算方式如下所示：

$$w_{ij}^{e}=\begin{cases}0 & i=j\\ \dfrac{1}{\left|\overline{GDP}_{i}-\overline{GDP}_{j}\right|} & i\neq j\end{cases} \tag{5-13}$$

式（5-13）中，w_{ij}^{e}是经济距离权重矩阵$\mathbf{W}^{e}$中第 i 行第 j 列的元素，当 $i=j$ 时，$w_{ij}^{e}=0$，同样表示的是城市对其本身不会产生空间影响。当 $i\neq j$ 时，w_{ij}^{e}是 i 城市与 j 城市地区生产总值均值之差的绝对值的倒数，地区生产总值均值通过计算成渝地区双城经济圈城市在考察期 2016～2021 年的平均值得到。两个城市之间经济发展水平差距越小，则两地数字普惠金融相互影响作用程度越大，对于 i 城市而言，来自 j 城市的影响效应在所有城市共同产生的作用中所占比重就会越大。

5.3.2 空间相关性检验

在构建空间回归模型和设定空间权重矩阵的基础上，需要对成渝地区双城经济圈数字普惠金融发展是否具有空间相关性进行初步检验。

1. 空间相关性检验类型与实施过程。

空间相关性检验的类型较多，对成渝地区双城经济圈数字普惠金融发展的空间相关性检验主要采取以下几种方法：

第一，莫兰指数检验。莫兰指数检验的原假设是变量之间不存在任何形式的空间相关性，备择假设为变量之间至少存在某种形式的空间相关性。大样本条件下莫兰指数的一般表达式为 $I=(N\times \mathbf{e}'\mathbf{W}\mathbf{e})/(S\times \mathbf{e}'\mathbf{e})$，其中，$\mathbf{W}$ 为空间权重矩阵，$\mathbf{e}$ 是普通回归模型 OLS 估计得到的残差向量，N 代表样本个数，$S=\sum w_{ij}$，w_{ij} 是空间权重矩阵 $\mathbf{W}$ 的所有元素的和。在实际计算中，通常要对空间权重矩阵 $\mathbf{W}$ 进行标准化，此时，莫兰指数表达式简化为 $I=\mathbf{e}'\mathbf{W}\mathbf{e}/\mathbf{e}'\mathbf{e}$。在模型随机扰动项满足经典假设前提下，莫兰指数近似服从 $I\sim N(E(I),Var(I))$ 分布。如果莫兰指数对应的 Z 统计量的绝对值大于显著性水平下 Z 统计临界值，则拒绝原假设，认为样本观测点之间存在空间相关性，反之，则认为不存在空间相关性。

第二，极大似然 LM - Lag 检验。极大似然 LM - Lag 检验是用于检验模型因变量是否存在自相关，原假设是因变量不存在空间自相关，即空间回归模型中的 $\rho=0$，备择假设是因变量存在空间自相关，即 $\rho\neq 0$。该检验的前提条件是不存在空间误差自相关，且自变量不存在空间滞后效应，以及不存在空间异方差。极大似然 LM - Lag 检验统计量表达式为 $LM_{Lag}=(\mathbf{e}'\mathbf{W}\mathbf{Y}/\hat{\sigma}^2)^2/J$，其中，$\mathbf{W}$ 和 $\mathbf{e}$ 分别是空间权重矩阵和残差向量，$\hat{\sigma}^2$ 是模型随机扰动项方差的估计值，$J=T+(\mathbf{W}\mathbf{X}\hat{\boldsymbol{\beta}})'\mathbf{M}(\mathbf{W}\mathbf{X}\hat{\boldsymbol{\beta}})/\hat{\sigma}^2$，$\mathbf{M}$ 是一个 $n\times n$ 矩阵，有 $\mathbf{M}=\mathbf{I}_n-\mathbf{X}(\mathbf{X}'\mathbf{X})^{-1}\mathbf{X}'$，$T$ 是矩阵（$\mathbf{W}'\mathbf{W}+\mathbf{W}^2$）的迹，有 $T=tr(\mathbf{W}'\mathbf{W}+\mathbf{W}^2)$。比较 LM - Lag 统计量与显著性水平下卡方分布临界值 χ^2_α（1），如果 $LM_{Lag}\geqslant\chi^2_\alpha(1)$，则拒绝原假设，认为模型因变量存在空间相关性；反之，如果 $LM_{Lag}<\chi^2_\alpha(1)$，则不拒绝原假设，认为模型因变量不存在空间相关性。

第三，极大似然 LM - Error 检验。极大似然 LM - Error 检验是用于检验模型误差项是否存在空间相关，原假设是随机误差项不存在空间自相关，即空间回归模型中的 $\lambda=0$，备择假设是因变量存在空间自相关，即 $\lambda\neq0$。该检验的前提条件是不存在因变量的空间自相关，且自变量不存在空间滞后效应，以及不存在空间异方差。极大似然 LM – Error 检验统计量表达式为 $LM_{Error}=(\mathbf{e'We}/\hat{\sigma}^2)^2/T$，变量含义与前述检验中的含义相同。比较 LM – Error 统计量与显著性水平下卡方分布临界值 $\chi_\alpha^2(1)$，如果 $LM_{Error}\geq\chi_\alpha^2(1)$，则拒绝原假设，认为模型随机误差项存在空间相关性；反之，如果 $LM_{Error}<\chi_\alpha^2(1)$，则不拒绝原假设，认为模型随机误差项不存在空间相关性。

第四，稳健 LM – Lag 检验。极大似然 LM – Lag 检验的前提是模型误差项不存在空间相关，如果放松这个假定，则需要通过稳健 LM – Lag 检验来进行检验。稳健 LM – Lag 检验是针对在模型误差项存在空间自相关条件下，模型因变量是否存在空间自相关，其检验的假设与过程与前述极大似然 LM – Lag 检验相同，稳健 LM – Lag 检验的统计量为 $R-LM_{Lag}=(\mathbf{e'WY}/\hat{\sigma}^2-\mathbf{e'We}/\hat{\sigma}^2)^2/(J-T)$，变量含义与前述检验中的含义相同。

第五，稳健 LM – Error 检验。与稳健 LM – Lag 检验的原理相类似，稳健 LM – Error 检验是针对在模型因变量存在空间自相关条件下，模型随机误差项是否存在空间自相关，稳健 LM – Error 检验的统计量为 $R-LM_{Error}=[\mathbf{e'We}/\hat{\sigma}^2-TJ^{-1}(\mathbf{e'WY}/\hat{\sigma}^2)]^2/(T-T^2J^{-1})$。

2. 空间相关性检验结果。

对成渝地区双城经济圈数字普惠金融影响因素模型进行空间相关性检验，结果见表 5 – 6。

表 5 – 6　　空间相关性检验结果

因变量	检验名称	地理权重矩阵		经济权重矩阵	
		统计量	P 值	统计量	P 值
数字普惠金融指数	莫兰指数检验	18.07	0.00	10.24	0.00
	极大似然 LM – Error 检验	277.29	0.00	98.76	0.00
	稳健 LM – Error 检验	65.92	0.00	0.07	0.79
	极大似然 LM – Lag 检验	328.46	0.00	206.09	0.00
	稳健 LM – Lag 检验	117.09	0.00	107.40	0.00

续表

因变量	检验名称	地理权重矩阵		经济权重矩阵	
		统计量	P值	统计量	P值
覆盖广度指数	莫兰指数检验	7.76	0.00	4.44	0.00
	极大似然 LM - Error 检验	48.09	0.00	17.83	0.00
	稳健 LM - Error 检验	19.89	0.00	1.16	0.28
	极大似然 LM - Lag 检验	33.53	0.00	21.54	0.00
	稳健 LM - Lag 检验	5.33	0.02	4.87	0.03
使用深度指数	莫兰指数检验	18.88	0.00	11.28	0.00
	极大似然 LM - Error 检验	303.02	0.00	120.15	0.00
	稳健 LM - Error 检验	55.22	0.00	0.12	0.73
	极大似然 LM - Lag 检验	366.23	0.00	224.47	0.00
	稳健 LM - Lag 检验	118.43	0.00	104.43	0.00
数字化程度指数	莫兰指数检验	17.52	0.00	10.25	0.00
	极大似然 LM - Error 检验	260.02	0.00	99.04	0.00
	稳健 LM - Error 检验	27.01	0.00	3.99	0.05
	极大似然 LM - Lag 检验	351.01	0.00	202.83	0.00
	稳健 LM - Lag 检验	118.00	0.00	107.78	0.00

表5-6结果显示，基于地理权重矩阵的空间相关性检验值均在1%显著性水平下拒绝原假设，表明数字普惠金融及分维度指数影响因素模型中，因变量与随机误差项均存在空间相关性，有必要构建空间回归模型进行实证分析。基于经济权重矩阵的空间相关性检验中，除了数字化程度指数的空间相关性检验值均能通过5%显著性水平的显著性检验外，数字普惠金融指数、覆盖广度指数和使用深度指数的空间相关性检验结果都显示，稳健 LM - Error 检验不能拒绝原假设，表明在存在因变量空间自相关性前提下，模型随机误差项不存在空间相关性，稳健 LM - Lag 检验都在1%显著性水平下拒绝原假设，说明即使模型随机误差项存在空间自相关，因变量依然存在空间自相关。综合空间自相关检验的结果，后续空间回归模型以包含因变量空间滞后项的 SDM 模型作为分析的起点，具有合理性。

5.3.3 模型的估计结果

按照前述分析的研究设计，成渝地区双城经济圈数字普惠金融影响因素的空间回归模型估计涉及数字普惠金融指数、覆盖广度指数、使用深度指数和数字化程度指数，空间权重矩阵有地理权重矩阵和经济权重矩阵两种。模型估计的基本思路是逐次把数字普惠金融指数、覆盖广度指数、使用深度指数和数字化程度指数作为因变量，分别运用地理权重矩阵和经济权重矩阵进行空间回归估计。空间回归估计的步骤是：一是先对SDM模型进行估计，确定城市固定效应模型、时间固定效应模型、双固定效应模型和随机效应模型的选择。二是在确定模型个体效应类型基础上，分别对SAR模型、SEM模型、SDM模型和SAC模型进行回归估计。三是以SDM模型为分析起点，通过LR检验、Wald检验判断是否会退化为SAR模型或者SEM模型，基于AIC信息准则判断SDM模型与SAC模型的拟合优度。四是综合模型检验结果和模型估计结果，综合选择空间回归分析依据的模型。

1. 数字普惠金融指数空间回归模型估计结果与检验。

数字普惠金融指数SDM模型个体效应类型的检验结果见表5-7。

表5-7 基于SDM模型的数字普惠金融指数回归的个体效应检验

检验名称	地理权重矩阵		经济权重矩阵	
	统计量	P值	统计量	P值
LR检验：双固定效应与个体固定效应	62.00	0.00	105.50	0.00
LR检验：双固定效应与时间固定效应	245.66	0.00	226.02	0.00
Hausman检验	34.45	0.00	60.74	0.00

从表5-7反映的情况看，无论是地理权重矩阵还是经济权重矩阵，LR检验统计量都在1%显著性水平下，拒绝受约束的个体固定效应或时间固定效应估计结果优于无约束的双固定效应估计结果的原假设，表明模型应该选择双固定效应模型，Hausman检验统计结果在1%显著性水平下，拒绝随机效应模型与双固定效应参数估计差值收敛于0的原假设，说明应该选择参数估计具有一致性的双固定效应模型。

基于地理权重矩阵，对数字普惠金融指数影响因素空间回归模型估计结果见表 5－8。

表 5－8　基于地理权重矩阵的数字普惠金融指数空间回归模型估计结果

变量	模型（1）	模型（2）	模型（3）	模型（4）
	SAR 模型	SEM 模型	SAC 模型	SDM 模型
经济水平	4.128** (2.07)	4.042** (1.99)	4.434** (2.08)	4.910** (2.30)
金融发展	1.112 (1.06)	1.079 (1.02)	1.240 (1.04)	1.409 (1.38)
城镇化	0.057 (1.11)	0.055 (1.11)	0.056 (1.02)	0.012 (0.22)
消费活力	5.963** (2.38)	6.077** (2.45)	5.694** (2.57)	8.257*** (3.41)
产业结构	0.064 (1.61)	0.060 (1.45)	0.074* (1.92)	0.033 (0.84)
财政支出	0.009 (0.21)	0.005 (0.11)	0.022 (0.42)	0.037 (0.80)
对外贸易	0.084*** (4.06)	0.085*** (4.06)	0.084*** (4.10)	0.096*** (4.34)
空间自相关系数	0.175* (1.89)		0.387 (1.06)	－0.083 (－0.57)
空间误差相关系数		0.132 (0.92)	－0.324 (－0.52)	
权重×经济水平				15.058** (2.34)
权重×金融发展				6.862* (1.78)
权重×城镇化				－0.266 (－1.05)
权重×消费活力				10.934 (1.16)
权重×产业结构				0.238* (1.79)

续表

变量	模型（1）	模型（2）	模型（3）	模型（4）
	SAR 模型	SEM 模型	SAC 模型	SDM 模型
权重×财政支出				0.327 (1.44)
权重×对外贸易				0.094 (0.57)
样本数	216	216	216	216
个体效应	控制	控制	控制	控制
时间效应	控制	控制	控制	控制
误差修正	聚类标准误	聚类标准误	聚类标准误	聚类标准误
r2_o	0.465	0.403	0.567	0.622
r2_w	0.769	0.727	0.809	0.773
r2_b	0.769	0.758	0.778	0.611
似然比对数	-342.489	-342.958	-342.229	-331.767

注：() 内为 Z 检测值，“***”“**”和“*”分别表示在 1%、5% 和 10% 显著性水平下显著，r2_o、r2_w 和 r2_b 分别是总体估计拟合优度、组内估计拟合优度和组间估计拟合优度，表格内容为空表示模型回归结果中无该项数值。

对基于地理权重矩阵的数字普惠金融指数空间回归模型进行的 LR 检验、Wald 检验结果见表 5-9。

表 5-9　基于地理权重矩阵的数字普惠金融指数空间回归模型的 LR 和 Wald 检验结果

检验名称	统计量	P 值
LR 检验：SDM 模型与 SEM 模型	22.38	0.13
LR 检验：SDM 模型与 SAR 模型	21.44	0.16
Wald 检验：SDM 模型与 SEM 模型	14.06	0.05
Wald 检验：SDM 模型与 SAR 模型	14.52	0.04

根据 SDM 模型和 SAC 模型 AIC 计算结果，SDM 模型的 AIC 值为 695.53，SAC 模型的 AIC 值为 704.45，说明 SDM 模型拟合优度优于 SAC 模型。表 5-9 显示，根据 LR 检验结果，不能拒绝 SAR 或者 SEM 模型优于 SDM 模型的原假设，SAR 模型和 SEM 模型优于 SDM 模型。但是，Wald 检验结果表明，在 5%

显著性水平下，拒绝 SDM 模型退化为 SAR 模型或者 SEM 模型的原假设，应该选择 SDM 模型。进一步观察表 5－8 所示的空间回归模型估计结果，模型（4）中的空间自相关系数不显著，模型（2）中的空间误差相关系数也不显著，说明 SDM 模型因变量的空间相关系数值没有显著异于 0，SEM 模型误差项的空间相关系数也不显著异于 0。综合以上检验结果，结合空间回归模型估计结果，应该选择以 SAR 模型估计结果为准。

基于经济权重矩阵，对数字普惠金融指数影响因素空间回归模型估计结果，见表 5－10。

表 5－10　基于经济权重矩阵的数字普惠金融指数空间回归模型估计结果

变量	模型（1）	模型（2）	模型（3）	模型（4）
	SAR 模型	SEM 模型	SAC 模型	SDM 模型
经济水平	4.358** (2.20)	4.307** (2.12)	4.394** (2.24)	4.826** (2.47)
金融发展	1.174 (1.12)	1.169 (1.11)	1.084 (1.07)	0.938 (0.92)
城镇化	0.052 (1.03)	0.052 (1.03)	0.046 (0.98)	0.056 (1.26)
消费活力	5.916** (2.29)	6.485** (2.29)	6.337** (2.50)	4.791** (2.01)
产业结构	0.068* (1.76)	0.069* (1.79)	0.072* (1.89)	0.084** (2.38)
财政支出	0.009 (0.22)	0.013 (0.31)	0.016 (0.39)	0.019 (0.46)
对外贸易	0.086*** (4.19)	0.087*** (4.17)	0.088*** (4.30)	0.076*** (3.97)
空间自相关系数	0.045 (0.50)		0.211 (1.46)	−0.085 (−1.18)
空间误差相关系数		−0.088 (−0.77)	−0.257* (−1.73)	
权重×经济水平				−0.764 (−0.21)

续表

变量	模型（1）	模型（2）	模型（3）	模型（4）
	SAR 模型	SEM 模型	SAC 模型	SDM 模型
权重×金融发展				-0.496 (-0.24)
权重×城镇化				0.085 (0.84)
权重×消费活力				6.365 (1.61)
权重×产业结构				0.088 (0.68)
权重×财政支出				0.076 (0.99)
权重×对外贸易				0.295* (1.87)
样本数	216	216	216	216
个体效应	控制	控制	控制	控制
时间效应	控制	控制	控制	控制
误差修正	聚类标准误	聚类标准误	聚类标准误	聚类标准误
r2_o	0.416	0.404	0.474	0.524
r2_w	0.746	0.725	0.768	0.798
r2_b	0.760	0.753	0.762	0.773
似然比对数	-343.202	-343.004	-341.903	-335.077

注：() 内为 Z 检测值，“***”“**”和“*”分别表示在 1%、5% 和 10% 显著性水平下显著，r2_o、r2_w 和 r2_b 分别是总体估计拟合优度、组内估计拟合优度和组间估计拟合优度，表格内容为空表示模型回归结果中无该项数值。

从表 5-10 反映的结果来看，在模型（1）至模型（4）中的空间自相关系数和空间误差相关系数中，只有 SAC 模型中的空间误差相关系数在 10% 显著性水平下显著，结合前述稳健 LM-Error 检验结果，存在因变量空间自相关条件下，不能拒绝模型误差相关系数为 0 的原假设，因而建立 SAC 模型是不恰当的。因此，考虑 SAR、SEM、SDM 模型中的空间自相关系数或空间误差相关系数均不显著，可以认为在经济权重矩阵下，不同因素对成渝地区双城经济圈数字普惠金融发展影响没有明显的空间效应。

2. 数字普惠金融覆盖广度指数空间回归模型估计结果与检验。

数字普惠金融覆盖广度指数 SDM 模型个体效应类型的检验结果见表 5－11。

表 5－11　　基于 SDM 模型的覆盖广度指数回归的个体效应检验

检验名称	地理权重矩阵		经济权重矩阵	
	统计量	P 值	统计量	P 值
LR 检验：双固定效应与个体固定效应	48.93	0.00	66.08	0.00
LR 检验：双固定效应与时间固定效应	310.64	0.00	295.16	0.00
Hausman 检验	84.47	0.00	53.35	0.00

从表 5－11 反映的情况看，无论是地理权重矩阵还是经济权重矩阵，LR 检验统计量都在 1% 显著性水平下，拒绝受约束的个体固定效应或时间固定效应估计结果优于无约束的双固定效应估计结果的原假设，表明模型应该选择双固定效应模型，Hausman 检验统计结果在 1% 显著性水平下，拒绝随机效应模型与双固定效应参数估计差值收敛于 0 的原假设，说明应该选择参数估计具有一致性的双固定效应模型。

基于地理权重矩阵，对数字普惠金融覆盖广度指数影响因素空间回归模型估计结果见表 5－12。

表 5－12　　基于地理权重矩阵的覆盖广度指数空间回归模型估计结果

变量	模型（1）	模型（2）	模型（3）	模型（4）
	SAR 模型	SEM 模型	SAC 模型	SDM 模型
经济水平	4.267*** (2.58)	4.197** (2.46)	4.589*** (2.87)	4.571*** (2.75)
金融发展	1.373** (2.07)	1.349** (1.96)	1.477** (2.03)	1.518* (1.87)
城镇化	0.087* (1.79)	0.084* (1.73)	0.079 (1.61)	0.024 (0.51)
消费活力	3.975* (1.75)	4.096* (1.82)	3.309* (1.81)	4.807** (2.25)
产业结构	0.028 (0.86)	0.026 (0.81)	0.039 (1.39)	0.024 (0.87)

续表

变量	模型（1）	模型（2）	模型（3）	模型（4）
	SAR 模型	SEM 模型	SAC 模型	SDM 模型
财政支出	-0.035 (-0.91)	-0.036 (-0.94)	-0.025 (-0.61)	0.000 (0.00)
对外贸易	0.027* (1.67)	0.027 (1.53)	0.033 (1.43)	0.027* (1.65)
空间自相关系数	0.175* (1.85)		0.587** (2.27)	-0.159 (-1.23)
空间误差相关系数		0.110 (0.85)	-0.684 (-1.37)	
权重×经济水平				14.330** (2.12)
权重×金融发展				4.762* (1.77)
权重×城镇化				-0.370 (-1.45)
权重×消费活力				7.349 (0.89)
权重×产业结构				0.159 (1.57)
权重×财政支出				0.205 (1.16)
权重×对外贸易				0.232** (2.32)
样本数	216	216	216	216
个体效应	控制	控制	控制	控制
时间效应	控制	控制	控制	控制
误差修正	聚类标准误	聚类标准误	聚类标准误	聚类标准误
r2_o	0.752	0.745	0.673	0.582
r2_w	0.514	0.512	0.493	0.535
r2_b	0.815	0.805	0.817	0.649
似然比对数	-280.759	-281.389	-278.780	-265.328

注：() 内为 Z 检测值，“***”“**”和“*”分别表示在 1%、5% 和 10% 显著性水平下显著，r2_o、r2_w 和 r2_b 分别是总体估计拟合优度、组内估计拟合优度和组间估计拟合优度，表格内容为空表示模型回归结果中无该项数值。

对基于地理权重矩阵的数字普惠金融覆盖广度指数空间回归模型进行的LR检验、Wald检验结果见表5-13。

表5-13 基于地理权重矩阵的覆盖广度指数空间回归模型的LR和Wald检验结果

检验名称	统计量	P值
LR检验：SDM模型与SEM模型	32.12	0.01
LR检验：SDM模型与SAR模型	30.86	0.01
Wald检验：SDM模型与SEM模型	13.75	0.06
Wald检验：SDM模型与SAR模型	14.09	0.05

根据SDM模型和SAC模型AIC计算结果，SDM模型的AIC值为562.65，SAC模型的AIC值为577.56，说明SDM模型拟合优度优于SAC模型。表5-13显示，无论是LR检验还是Wald检验，均表明SDM模型不会退化为SAR模型或SEM模型。但是，模型（4）中空间相关系数估计值不能通过显著性检验，模型（3）中空间误差相关系数估计值也不能通过显著性检验，因而选择SDM模型或SAC模型均无法得到不同影响因素对成渝地区双城经济圈数字普惠金融的空间效应。因此，应该选择模型（1）的估计结果进行后续空间溢出效应的分析。

基于经济权重矩阵，对数字普惠金融覆盖广度指数影响因素空间回归模型估计结果见表5-14。

表5-14 基于经济权重矩阵的覆盖广度指数空间回归模型估计结果

变量	模型（1）	模型（2）	模型（3）	模型（4）
	SAR模型	SEM模型	SAC模型	SDM模型
经济水平	4.445*** (2.68)	4.465*** (2.60)	4.624*** (2.81)	4.547*** (2.88)
金融发展	1.385** (2.06)	1.415** (2.06)	1.391** (2.20)	1.454** (2.21)
城镇化	0.075 (1.49)	0.080 (1.50)	0.083 (1.60)	0.074 (1.61)
消费活力	4.010* (1.74)	4.054* (1.74)	3.917* (1.67)	3.101 (1.39)
产业结构	0.030 (0.91)	0.030 (0.93)	0.033 (0.99)	0.046 (1.50)

续表

变量	模型（1）	模型（2）	模型（3）	模型（4）
	SAR 模型	SEM 模型	SAC 模型	SDM 模型
财政支出	-0.035 (-0.89)	-0.035 (-0.87)	-0.032 (-0.80)	-0.037 (-1.04)
对外贸易	0.031* (1.87)	0.031* (1.82)	0.032** (2.03)	0.034* (1.79)
空间自相关系数	0.074 (1.00)		0.205 (1.29)	-0.057 (-0.82)
空间误差相关系数		-0.001 (-0.01)	-0.189 (-1.07)	
权重×经济水平				5.090** (2.20)
权重×金融发展				1.258 (1.04)
权重×城镇化				0.306*** (3.31)
权重×消费活力				-1.962 (-0.72)
权重×产业结构				0.137 (1.46)
权重×财政支出				0.016 (0.31)
权重×对外贸易				0.075 (0.72)
样本数	216	216	216	216
个体效应	控制	控制	控制	控制
时间效应	控制	控制	控制	控制
误差修正	聚类标准误	聚类标准误	聚类标准误	聚类标准误
r2_o	0.748	0.745	0.751	0.665
r2_w	0.515	0.512	0.516	0.456
r2_b	0.808	0.804	0.814	0.777
似然比对数	-281.380	-281.644	-280.872	-274.118

注：() 内为 Z 检测值，“***”“**”和“*”分别表示在 1%、5% 和 10% 显著性水平下显著，r2_o、r2_w 和 r2_b 分别是总体估计拟合优度、组内估计拟合优度和组间估计拟合优度，表格内容为空表示模型回归结果中无该项数值。

从表 5－14 反映的结果来看，与前述基于经济权重矩阵对数字普惠金融指数进行空间回归模型分析结果相似。由于模型（1）至模型（4）中空间自相关系数和空间误差相关系数的估计值均不能通过显著性检验，因而认为在经济权重矩阵条件下，不同因素对成渝地区双城经济圈数字普惠金融覆盖广度的影响不具有空间效应。

3. 数字普惠金融使用深度指数空间回归模型估计结果与检验。

数字普惠金融使用深度指数 SDM 模型个体效应类型的检验结果见表 5－15。

表 5－15　　基于 SDM 模型的使用深度指数回归的个体效应检验

检验名称	地理权重矩阵		经济权重矩阵	
	统计量	P 值	统计量	P 值
LR 检验：双固定效应与个体固定效应	56.84	0.00	124.57	0.00
LR 检验：双固定效应与时间固定效应	251.94	0.00	265.91	0.00
Hausman 检验	11.43	0.72	80.39	0.00

从表 5－15 反映的情况看，对于固定效应类型选择的 LR 检验，在使用地理权重矩阵和经济权重矩阵条件下，均是拒绝受约束的城市维度固定效应或是时间维度固定效应估计结果优于双固定效应估计结果的原假设，说明双固定效应模型更优。Hausman 检验结果表明，在使用地理权重矩阵条件下，随机效应估计结果与固定效应估计结果的差值将收敛于 0，考虑随机效应模型估计的有效性强于固定效应模型，因而基于地理权重矩阵的空间回归模型应选择随机效应模型。对于经济权重矩阵的空间回归模型，Hausman 检验结果显示应该选择双固定效应模型。

基于地理权重矩阵，对数字普惠金融使用深度指数影响因素空间回归模型估计结果见表 5－16。

对基于地理权重矩阵的数字普惠金融使用深度指数空间回归模型进行的 LR 检验、Wald 检验结果见表 5－17。

由于 SAC 模型只能在固定效应下进行估计，因而基于地理权重矩阵的使用深度指数空间回归模型的选择是在 SDM 模型与 SAR 模型、SEM 模型中进行。表 5－17 的结果显示，无论是 LR 检验还是 Wald 检验，结果都表明 SDM 模型会退化为 SAR 模型。在 SDM 模型是否会退化为 SEM 模型的检验中，LR

检验认为 SEM 模型效果优于 SDM 模型，Wald 检验则认为 SDM 模型不会退化为 SEM 模型。再考虑表 5-16 中，模型（1）的似然比对数数值为 -589.253，其数值大于模型（2）中的 -593.847，应该选择模型（1）估计结果作为后续分析的依据。

表 5-16　基于地理权重矩阵的使用深度指数空间回归模型估计结果

变量	模型（1）	模型（2）	模型（3）
	SAR 模型	SEM 模型	SDM 模型
经济水平	5.137** (2.30)	4.924** (2.13)	5.565** (2.46)
金融发展	1.211** (2.05)	1.693** (2.28)	1.242 (1.42)
城镇化	-0.018 (-0.29)	-0.003 (-0.05)	-0.030 (-0.44)
消费活力	7.603** (2.09)	9.962** (2.42)	9.675** (2.49)
产业结构	0.059 (1.20)	0.007 (0.09)	0.041 (0.57)
财政支出	-0.086 (-0.92)	-0.160* (-1.88)	-0.124 (-1.37)
对外贸易	0.233*** (4.31)	0.227*** (3.84)	0.219*** (3.49)
空间自相关系数	0.915*** (69.58)		0.908*** (49.83)
空间误差相关系数		0.974*** (145.60)	
权重×经济水平			9.502 (1.27)
权重×金融发展			-0.713 (-0.33)
权重×城镇化			-0.155 (-0.47)
权重×消费活力			-20.619*** (-2.68)

续表

变量	模型（1）	模型（2）	模型（3）
	SAR 模型	SEM 模型	SDM 模型
权重×产业结构			0.105 (0.87)
权重×财政支出			0.148 (0.84)
权重×对外贸易			-0.271 (-1.36)
常数项	-52.895** (-2.34)	67.180*** (2.76)	-145.522** (-2.02)
样本数	216	216	216
个体效应	不控制	不控制	不控制
时间效应	不控制	不控制	不控制
误差修正	聚类标准误	聚类标准误	聚类标准误
r2_o	0.869	0.241	0.906
r2_w	0.895	0.566	0.937
r2_b	0.632	0.633	0.627
似然比对数	-589.253	-593.847	-584.949

注：() 内为 Z 检测值，“***”“**”和“*”分别表示在 1%、5% 和 10% 显著性水平下显著，r2_o、r2_w 和 r2_b 分别是总体估计拟合优度、组内估计拟合优度和组间估计拟合优度，表格内容为空表示模型回归结果中无该项数值。

表 5-17　　基于地理权重矩阵的使用深度指数空间回归模型的 LR 和 Wald 检验结果

检验名称	统计量	P 值
LR 检验：SDM 模型与 SEM 模型	17.80	0.34
LR 检验：SDM 模型与 SAR 模型	8.61	0.93
Wald 检验：SDM 模型与 SEM 模型	37.72	0.00
Wald 检验：SDM 模型与 SAR 模型	8.75	0.27

基于经济权重矩阵，对数字普惠金融使用深度指数影响因素空间回归模型估计结果见表 5-18。

表5-18 基于经济权重矩阵的使用深度指数空间回归模型估计结果

变量	模型（1）	模型（2）	模型（3）	模型（4）
	SAR 模型	SEM 模型	SAC 模型	SDM 模型
经济水平	2.142 (0.52)	1.428 (0.33)	1.559 (0.38)	2.523 (0.69)
金融发展	0.159 (0.06)	-0.143 (-0.06)	-0.498 (-0.21)	-0.823 (-0.35)
城镇化	-0.090 (-0.74)	-0.105 (-0.86)	-0.117 (-1.03)	-0.085 (-0.79)
消费活力	12.569*** (2.95)	14.424*** (2.88)	14.446*** (3.41)	10.691*** (2.77)
产业结构	0.014 (0.18)	0.015 (0.20)	0.019 (0.25)	0.036 (0.50)
财政支出	-0.023 (-0.22)	-0.020 (-0.20)	-0.002 (-0.02)	0.022 (0.24)
对外贸易	0.180*** (4.24)	0.181*** (4.20)	0.180*** (4.19)	0.153*** (4.51)
空间自相关系数	0.022 (0.34)		0.281 (1.47)	-0.119** (-2.01)
空间误差相关系数		-0.134 (-1.30)	-0.375* (-1.66)	
权重×经济水平				-15.479* (-1.91)
权重×金融发展				-6.153 (-1.53)
权重×城镇化				-0.113 (-0.42)
权重×消费活力				19.067** (2.27)
权重×产业结构				0.055 (0.27)
权重×财政支出				0.074 (0.39)

续表

变量	模型（1）	模型（2）	模型（3）	模型（4）
	SAR 模型	SEM 模型	SAC 模型	SDM 模型
权重 × 对外贸易				0.491 (1.38)
样本数	216	216	216	216
个体效应	控制	控制	控制	控制
时间效应	控制	控制	控制	控制
误差修正	聚类标准误	聚类标准误	聚类标准误	聚类标准误
r2_o	0.193	0.145	0.176	0.020
r2_w	0.302	0.217	0.268	0.109
r2_b	0.409	0.269	0.181	0.013
似然比对数	-494.160	-493.554	-491.658	-480.945

注：() 内为 Z 检测值，“***”“**”和“*”分别表示在 1%、5% 和 10% 显著性水平下显著，r2_o、r2_w 和 r2_b 分别是总体估计拟合优度、组内估计拟合优度和组间估计拟合优度，表格内容为空表示模型回归结果中无该项数值。

对基于经济权重矩阵的数字普惠金融使用深度指数空间回归模型进行的 LR 检验、Wald 检验结果见表 5-19。

表 5-19　　基于经济权重矩阵的使用深度指数空间回归模型的 LR 和 Wald 检验结果

检验名称	统计量	P 值
LR 检验：SDM 模型与 SEM 模型	25.22	0.07
LR 检验：SDM 模型与 SAR 模型	26.43	0.05
Wald 检验：SDM 模型与 SEM 模型	21.90	0.00
Wald 检验：SDM 模型与 SAR 模型	24.69	0.00

根据 SDM 模型和 SAC 模型 AIC 计算结果，SDM 模型的 AIC 值为 993.89，SAC 模型的 AIC 值为 1003.32，说明 SDM 模型拟合优度优于 SAC 模型。表 5-19 显示，不管是 LR 检验还是 Wald 检验，都在 1% 显著性水平下拒绝原假设，表明 SDM 模型不会退化为 SAR 模型或者 SEM 模型，且表 5-18 中模型（4）的空间自相关系数估计值在 5% 显著性水平下显著，表明应该选择模型（4）的

SDM 模型估计结果作为后续分析不同影响因素对数字普惠金融使用深度空间效应的依据和基础。

4. 数字普惠金融数字化程度指数空间回归模型估计结果与检验。

数字普惠金融数字化程度指数 SDM 模型个体效应类型的检验结果见表 5－20。

表 5－20　基于 SDM 模型的数字化程度指数回归的个体效应检验

检验名称	地理权重矩阵		经济权重矩阵	
	统计量	P 值	统计量	P 值
LR 检验：双固定效应与个体固定效应	54.79	0.00	83.74	0.00
LR 检验：双固定效应与时间固定效应	98.35	0.00	70.43	0.00
Hausman 检验	25.15	0.05	307.32	0.00

从表 5－20 反映的情况看，对于 LR 检验而言，不管是使用地理权重矩阵进行空间回归，还是运用经济权重矩阵进行空间回归，检验结果均表明双固定效应模型优于个体固定效应模型和时间固定效应模型。进一步地，根据 Hausman 检验结果，两种空间权重矩阵使用条件下，在 5% 的显著性水平下，拒绝随机效应模型估计结果与固定效率模型估计结果差值收敛于 0 的原假设，应该选择双固定模型进行空间回归模型的估计。

基于地理权重矩阵，对数字普惠金融数字化程度指数影响因素空间回归模型估计结果见表 5－21。

表 5－21　基于地理权重矩阵的数字化程度指数空间回归模型估计结果

变量	模型（1）	模型（2）	模型（3）	模型（4）
	SAR 模型	SEM 模型	SAC 模型	SDM 模型
经济水平	7.482 (1.49)	7.476 (1.44)	8.012 (1.60)	8.581 (1.61)
金融发展	2.116 (1.00)	2.159 (1.01)	2.208 (1.04)	1.685 (0.73)
城镇化	0.232* (1.74)	0.223* (1.69)	0.236* (1.68)	0.256 (1.47)
消费活力	0.938 (0.21)	0.657 (0.14)	1.246 (0.29)	7.115 (1.52)

续表

变量	模型（1）	模型（2）	模型（3）	模型（4）
	SAR 模型	SEM 模型	SAC 模型	SDM 模型
产业结构	0.264** (2.43)	0.268** (2.29)	0.282*** (2.65)	0.189 (1.51)
财政支出	0.205** (2.16)	0.202** (2.10)	0.229** (2.35)	0.281** (2.40)
对外贸易	0.097* (1.79)	0.097* (1.81)	0.097* (1.75)	0.133** (2.53)
空间自相关系数	0.238*** (2.76)		0.428*** (4.64)	-0.075 (-0.62)
空间误差相关系数		0.134 (1.01)	-0.330** (-1.99)	
权重×经济水平				26.383* (1.87)
权重×金融发展				7.785 (0.85)
权重×城镇化				0.278 (0.51)
权重×消费活力				11.954 (0.65)
权重×产业结构				0.889** (2.32)
权重×财政支出				0.936* (1.69)
权重×对外贸易				0.174 (0.34)
样本数	216	216	216	216
个体效应	控制	控制	控制	控制
时间效应	控制	控制	控制	控制
误差修正	聚类标准误	聚类标准误	聚类标准误	聚类标准误
r2_o	0.202	0.142	0.287	0.474
r2_w	0.701	0.676	0.713	0.699
r2_b	0.177	0.177	0.177	0.134
似然比对数	-546.785	-547.804	-546.190	-536.657

注：() 内为 Z 检测值，“***”“**”和“*”分别表示在 1%、5% 和 10% 显著性水平下显著，r2_o、r2_w 和 r2_b 分别是总体估计拟合优度、组内估计拟合优度和组间估计拟合优度，表格内容为空表示模型回归结果中无该项数值。

对基于地理权重矩阵的数字普惠金融数字化程度指数空间回归模型进行的 LR 检验、Wald 检验结果见表 5－22。

表 5－22　基于地理权重矩阵的数字化程度指数空间回归模型的 LR 和 Wald 检验结果

检验名称	统计量	P 值
LR 检验：SDM 模型与 SEM 模型	22.29	0.13
LR 检验：SDM 模型与 SAR 模型	20.26	0.21
Wald 检验：SDM 模型与 SEM 模型	20.73	0.00
Wald 检验：SDM 模型与 SAR 模型	19.12	0.01

根据 SDM 模型和 SAC 模型 AIC 计算结果，SDM 模型的 AIC 值为 1105.32，SAC 模型的 AIC 值为 1112.38，表明 SDM 模型略优于 SAC 模型估计结果。不过，从 LR 检验和 Wald 检验结果来看，两种检验结果并未一致支持 SDM 模型不会退化为 SAR 模型或者 SEM 模型。考虑表 5－21 中模型（4）的空间自相关系数、模型（2）的空间误差相关系数不显著，排除选择 SDM 模型和 SEM 模型的估计结果。对比模型（1）和模型（3）的估计结果，空间自相关系数和空间误差相关系数均在 5% 显著性水平下显著，进一步观察对数似然比，模型（3）的 －546.190 略大于 －546.785，考虑 SAR 模型是 SAC 模型的简化，当 SAC 模型的空间自相关系数和空间误差相关系数均显著时，可以选择无约束的 SAC 模型估计结果进行后续分析。

基于经济权重矩阵，对数字普惠金融数字化程度指数影响因素空间回归模型估计结果见表 5－23。

表 5－23　基于经济权重矩阵的数字化程度指数空间回归模型估计结果

变量	模型（1）	模型（2）	模型（3）	模型（4）
	SAR 模型	SEM 模型	SAC 模型	SDM 模型
经济水平	7.985 (1.59)	8.022 (1.60)	8.146 (1.61)	9.643** (2.00)
金融发展	2.297 (1.11)	2.322 (1.10)	2.468 (1.20)	2.310 (1.19)

续表

变量	模型（1）	模型（2）	模型（3）	模型（4）
	SAR 模型	SEM 模型	SAC 模型	SDM 模型
城镇化	0.222 （1.62）	0.220 （1.58）	0.193 （1.41）	0.251** （2.07）
消费活力	0.531 （0.12）	0.610 （0.13）	0.158 （0.04）	-0.382 （-0.07）
产业结构	0.290*** （2.66）	0.290*** （2.65）	0.299*** （2.83）	0.298*** （2.89）
财政支出	0.217** （2.24）	0.218** （2.23）	0.215** （2.33）	0.194** （2.00）
对外贸易	0.098* （1.81）	0.098* （1.82）	0.101* （1.87）	0.073 （1.35）
空间自相关系数	0.008 （0.11）		0.257 （0.60）	-0.022 （-0.25）
空间误差相关系数		-0.008 （-0.12）	-0.269 （-0.60）	
权重×经济水平				5.802 （0.48）
权重×金融发展				3.870 （0.61）
权重×城镇化				-0.308 （-1.17）
权重×消费活力				10.307 （0.92）
权重×产业结构				-0.009 （-0.03）
权重×财政支出				0.225 （0.76）
权重×对外贸易				0.650** （2.28）

续表

变量	模型（1）	模型（2）	模型（3）	模型（4）
	SAR 模型	SEM 模型	SAC 模型	SDM 模型
样本数	216	216	216	216
个体效应	控制	控制	控制	控制
时间效应	控制	控制	控制	控制
误差修正	聚类标准误	聚类标准误	聚类标准误	聚类标准误
r2_o	0.146	0.144	0.206	0.147
r2_w	0.675	0.674	0.701	0.665
r2_b	0.176	0.176	0.186	0.178
似然比对数	-548.117	-548.116	-547.812	-543.421

注：() 内为 Z 检测值，“***”“**”和“*”分别表示在 1%、5% 和 10% 显著性水平下显著，r2_o、r2_w 和 r2_b 分别是总体估计拟合优度、组内估计拟合优度和组间估计拟合优度，表格内容为空表示模型回归结果中无该项数值。

表 5-23 结果显示，模型（1）至模型（4）中的空间自相关系数和空间误差相关系数均不显著，说明在采用经济权重矩阵的条件下，数字普惠金融数字化程度影响因素不存在空间溢出效应。

5.4 空间影响效应分解与讨论

5.4.1 空间效应分解方法

在前文空间回归模型的估计中，基于不同权重矩阵对不同因变量进行空间回归，得到不同模型设定下的相应估计结果，对估计结果进行系列检验后，综合检验结果选出较为准确和稳健的模型估计结果，包括 SAR 模型、SAC 模型和 SDM 模型。在此基础上，需要基于模型估计结果，分解不同因素对数字普惠金融及分维度指数影响的空间效应。

对于 SDM 模型而言，对前述式（5-8）进行移项，得到：

$$\mathbf{Y}_t - \rho \mathbf{W}\mathbf{Y}_t = \boldsymbol{\alpha} + \mathbf{X}_t\boldsymbol{\beta} + \mathbf{W}\mathbf{X}_t\boldsymbol{\theta} + \boldsymbol{\mu} + \boldsymbol{\varepsilon}_t \quad (5-14)$$

式（5－14）中等号左边部分可以表示为 $(\mathbf{I}-\rho\mathbf{W})\mathbf{Y}_t$，运用逆矩阵进行计算，得到：

$$\mathbf{Y}_t=(\mathbf{I}-\rho\mathbf{W})^{-1}\boldsymbol{\alpha}+(\mathbf{I}-\rho\mathbf{W})^{-1}\mathbf{X}_t\boldsymbol{\beta}+(\mathbf{I}-\rho\mathbf{W})^{-1}\mathbf{W}\mathbf{X}_t\boldsymbol{\theta}+(\mathbf{I}-\rho\mathbf{W})^{-1}\boldsymbol{\mu}+(\mathbf{I}-\rho\mathbf{W})^{-1}\boldsymbol{\varepsilon}_t \quad (5-15)$$

根据式（5－15），对于影响成渝地区双城经济圈数字普惠金融发展的因素 X_k，直接影响效应为：$[(\mathbf{I}-\rho\mathbf{W})^{-1}\times(\beta_k\mathbf{I}+\theta_k\mathbf{W})]^{\bar{d}}$，其中，上标 $\bar{d}$ 表示计算矩阵主对角线上的均值。直接影响效应衡量的是城市第 k 个影响因素对城市数字普惠金融发展的影响效应。间接影响效应为：$[(\mathbf{I}-\rho\mathbf{W})^{-1}\times(\beta_k\mathbf{I}+\theta_k\mathbf{W})]^{\overline{rsum}}$，其中，上标 $\overline{rsum}$ 表示对矩阵每行元素在剔除主对角线上元素后求和得到的值求平均值，间接效应是城市第 k 个影响因素对其他城市数字普惠金融发展的影响效应，这种效应包括：一是城市 k 因素对本地区数字普惠金融产生影响，在城市之间数字普惠金融发展存在空间自相关条件下，影响作用传递到其他城市。二是在影响因素空间滞后项存在的条件下，城市 k 因素对其他城市数字普惠金融产生的作用效果。

SAR 模型与 SAC 模型的空间效应分解结果相一致，以 SAR 模型空间效应分解为例进行说明。对前述式（5－9）进行移项，得到：

$$\mathbf{Y}_t-\rho\mathbf{W}\mathbf{Y}_t=\boldsymbol{\alpha}+\mathbf{X}_t\boldsymbol{\beta}+\boldsymbol{\mu}+\boldsymbol{\varepsilon}_t \quad (5-16)$$

按照 SDM 模型处理方法，移项后的式（5－16）为：

$$\mathbf{Y}_t=(\mathbf{I}-\rho\mathbf{W})^{-1}\boldsymbol{\alpha}+(\mathbf{I}-\rho\mathbf{W})^{-1}\mathbf{X}_t\boldsymbol{\beta}+(\mathbf{I}-\rho\mathbf{W})^{-1}\boldsymbol{\mu}+(\mathbf{I}-\rho\mathbf{W})^{-1}\boldsymbol{\varepsilon}_t \quad (5-17)$$

根据式（5－17），X_k 对成渝地区双城经济圈数字普惠金融发展的直接影响效应为：$[(\mathbf{I}-\rho\mathbf{W})^{-1}\times(\beta_k\mathbf{I})]^{\bar{d}}$，间接影响效应为：$[(\mathbf{I}-\rho\mathbf{W})^{-1}\times(\beta_k\mathbf{I})]^{\overline{rsum}}$，其中，上标 $\bar{d}$ 和 $\overline{rsum}$ 的含义与 SDM 模型相一致。直接影响效应与间接影响效应的解释也与 SDM 模型相同，区别在于 SAR 模型和 SAC 模型的空间间接效应，由于没有 $\theta_k\mathbf{W}$，不包含城市 k 因素对其他城市数字普惠金融产生的作用效果，只有城市 k 因素对本地区数字普惠金融产生影响效应后，通过数字普惠金融的空间自相关性作用于其他城市数字普惠金融发展的效应。

直接效应与间接效应相加，可得到影响因素对成渝地区双城经济圈数字普惠金融发展影响的总效应。

5.4.2　总体空间影响效应

对成渝地区双城经济圈数字普惠金融指数产生显著影响作用的经济水平、消费活力、产业结构和对外贸易，会通过空间关联性产生一定的空间溢出效应。对基于地理权重矩阵的数字普惠金融指数 SAR 模型估计结果的空间影响效应分解结果见表 5－24。SAR 模型回归得到的空间自相关系数为 0.175，能够通过 10% 显著性水平检验，说明成渝地区双城经济圈城市之间的数字普惠金融发展存在相互影响作用。在此条件下，对数字普惠金融指数具有显著影响的经济水平、消费活力、产业结构和对外贸易，具有影响本地区数字普惠金融指数，进而作用于其他城市的空间溢出效应。不过，表 5－24 中影响因素对其他城市数字普惠金融指数的间接效应都不能通过显著性检验，表明虽然经济水平、消费活力、产业结构和对外贸易这些显著性影响因素具备空间溢出效应产生的条件，但是通过影响本城市数字普惠金融发展，再对其他城市数字普惠金融产生影响，存在影响效应的衰减，因而在统计上不够显著。

表 5－24　基于地理权重矩阵的数字普惠金融指数影响因素的空间效应分解

变量	SAR 模型		
	空间自相关系数	0.175*	
	总效应	直接效应	间接效应
经济水平	5.045** (2.09)	4.217** (2.05)	0.828 (1.31)
金融发展	1.356 (1.06)	1.100 (1.07)	0.256 (0.81)
城镇化	0.075 (1.20)	0.061 (1.23)	0.014 (0.90)
消费活力	7.247** (2.15)	5.898** (2.38)	1.349 (1.22)
产业结构	0.077* (1.74)	0.065* (1.68)	0.011 (1.24)

续表

变量	SAR 模型		
	空间自相关系数	0.175*	
	总效应	直接效应	间接效应
财政支出	0.015 (0.27)	0.014 (0.31)	0.001 (0.10)
对外贸易	0.103*** (3.83)	0.085*** (3.93)	0.018 (1.61)

注：() 内为 Z 检测值，“***”“**”和“*”分别表示在 1%、5% 和 10% 显著性水平下显著。

5.4.3 分维度的空间效应

在对数字普惠金融指数影响因素的空间影响效应分解基础上，对覆盖广度指数、使用深度指数和数字化程度指数影响因素的空间效应进行分解。

1. 数字普惠金融覆盖广度指数的空间效应分解。

对成渝地区双城经济圈数字普惠金融覆盖广度指数产生显著影响作用的经济水平、金融发展、城镇化和消费活力，会在空间关联性的作用下产生一定的空间溢出效应。对基于地理权重矩阵的数字普惠金融覆盖广度指数 SAR 模型估计结果的空间影响效应分解结果见表 5-25。SAR 模型回归得到的空间自相关系数为 0.175，能够通过 10% 显著性水平检验，说明成渝地区双城经济圈城市之间的数字普惠金融覆盖广度存在相互影响作用。在此条件下，对数字普惠金融覆盖广度指数具有显著影响的经济水平、金融发展、城镇化和消费活力，具有拓展本地区数字普惠金融覆盖广度，进而提高其他城市数字普惠金融覆盖面的空间溢出效应。不过，表 5-25 中影响因素对其他城市数字普惠金融覆盖广度指数的间接效应都不能通过显著性检验，表明虽然经济水平、金融发展、城镇化和消费活力这些显著性影响因素具备影响其他城市数字普惠金融覆盖广度的基础，但是通过影响本城市数字普惠金融覆盖广度，再对其他城市数字普惠金融覆盖水平产生影响的作用力存在衰减，空间溢出效应不显著。

表 5－25　基于地理权重矩阵的覆盖广度指数影响因素的空间效应分解

变量	SAR 模型		
	空间自相关系数	0.175*	
	总效应	直接效应	间接效应
经济水平	5.241*** (2.62)	4.345** (2.55)	0.896 (1.42)
金融发展	1.677** (2.00)	1.371** (2.11)	0.307 (1.15)
城镇化	0.114* (1.85)	0.093** (1.97)	0.022 (1.14)
消费活力	4.817* (1.65)	3.895* (1.75)	0.922 (1.06)
产业结构	0.036 (0.91)	0.030 (0.93)	0.006 (0.63)
财政支出	−0.040 (−0.85)	−0.033 (−0.87)	−0.007 (−0.65)
对外贸易	0.033 (1.53)	0.027 (1.61)	0.006 (1.02)

注：() 内为 Z 检测值，“***”“**”和“*”分别表示在 1%、5% 和 10% 显著性水平下显著。

2. 数字普惠金融使用深度指数的空间效应分解。

对数字普惠金融使用深度指数具有显著性影响的经济水平、金融发展、消费活力和对外贸易，在地理空间上的影响作用具有明显的空间溢出效应。表 5－26 的结果显示，数字普惠金融使用深度指数影响的空间自相关系数为 0.915，且在 1% 显著性水平下显著，表明成渝地区双城经济圈城市之间的数字普惠金融使用深度之间具有较强的空间关联性。在这种较强的空间自相关条件下，不同影响因素能够通过影响本城市数字普惠金融的使用深度，进而对其他城市数字普惠金融业务的使用程度产生影响效应。其中，经济水平的间接影响效应为 53.946，且在 5% 显著性水平下显著。金融发展的间接影响效应为 13.251，且在 10% 显著性水平下显著。消费活力的间接影响效应为 82.723，且在 10% 显著性水平下显著。对外贸易的间接影响效应为 2.464，且在 1% 显著性水平下显著。表明成渝地区双城经济圈城市推进经济水平提高，强化金融发展，激发消费活力，扩大对外贸易，不仅显著促进本地区数字普惠金融使用深度发展，还能对地理空间上的邻近城市的数字普惠金融发展产生明显的积极作用。

表 5-26　基于地理权重矩阵的使用深度指数影响因素的空间效应分解

变量	SAR 模型		
	空间自相关系数	0.915***	
	总效应	直接效应	间接效应
经济水平	61.088** (2.47)	7.142** (2.35)	53.946** (2.47)
金融发展	14.902* (1.76)	1.651** (2.00)	13.251* (1.73)
城镇化	-0.128 (-0.17)	-0.020 (-0.23)	-0.108 (-0.16)
消费活力	93.271** (1.96)	10.548** (2.13)	82.723* (1.94)
产业结构	0.680 (1.22)	0.082 (1.24)	0.597 (1.21)
财政支出	-0.982 (-0.83)	-0.110 (-0.85)	-0.872 (-0.82)
对外贸易	2.786*** (4.95)	0.322*** (4.58)	2.464*** (4.88)

注：() 内为 Z 检测值，“***”“**”和“*”分别表示在1%、5%和10%显著性水平下显著。

对于经济发展相近的城市而言，消费活力对数字普惠金融使用深度具有显著的正向空间溢出作用，经济水平则是会产生负向空间影响作用。表 5-27 结果显示，基于经济权重矩阵的 SDM 模型回归得到的空间自相关系数为 -0.119，且在5%显著性水平下显著，说明在考虑经济发展差异的空间结构中，城市数字普惠金融使用深度指数会抑制其他城市数字普惠金融业务的使用与发展，即城市之间在信贷业务、投资业务、保险业务等的发展上，具有资源的竞争关系，从而表现出一定的抑制效应。在此条件下，经济水平对于本地区数字普惠金融使用深度不产生明显促进作用，但是其对其他城市造成的“虹吸效应”会明显降低与该城市经济邻近地区的数字普惠金融使用深度。对于消费活力而言，虽然城市消费活力促进本地区数字普惠金融使用深度指数的提高，会在负的空间自相关系数的作用下抑制其他城市数字普惠金融业务的发展，但是由于消费活力本身具有对经济邻近地区数字普惠金融使用深度的正向影响作用，因而消费活力不仅能对本地区数字普惠金融使用深度产生积极影响，其空间溢出效应也对基于经济距离构建的空间网络中的其他城市的数字普惠金融使用深度产生有力影响。

表5-27 基于经济权重矩阵的使用深度指数影响因素的空间效应分解

变量	SDM模型		
	空间自相关系数	-0.119**	
	总效应	直接效应	间接效应
经济水平	-11.651 (-1.36)	3.107 (0.84)	-14.759** (-1.98)
金融发展	-6.161 (-1.55)	-0.692 (-0.30)	-5.469 (-1.40)
城镇化	-0.167 (-0.67)	-0.071 (-0.68)	-0.096 (-0.37)
消费活力	26.101*** (3.27)	10.100*** (2.71)	16.001** (1.98)
产业结构	0.085 (0.41)	0.038 (0.53)	0.047 (0.26)
财政支出	0.083 (0.39)	0.029 (0.31)	0.055 (0.31)
对外贸易	0.586* (1.88)	0.141*** (3.81)	0.445 (1.41)

注：()内为Z检测值，“***”“**”和“*”分别表示在1%、5%和10%显著性水平下显著。

3. 数字普惠金融数字化程度指数的空间效应分解。

产业结构和财政支出在促进数字普惠金融数字化程度提升的同时，具有明显的空间溢出效应，城镇化与数字普惠金融数字化程度具有显著正向关系，会在空间关联性的作用下产生一定的空间溢出效应。表5-28结果显示，SAC模型估计得到的空间自相关系数为0.428，且在1%显著性水平下显著，表明不同城市之间的数字普惠金融数字化程度具有明显的相互影响作用。在地理邻近城市数字普惠金融数字化程度之间相互关联的基础上，城市第三产业增加值比重的提升，以及财政支出占地区生产总值比重的提高，除了能够促进本地区数字普惠金融数字化程度发展外，还能对其他城市产生明显的正向溢出效应，其中，产业结构间接影响效应为0.225，且在10%显著性水平下显著，财政支出间接影响效应为0.181，能够通过10%显著性水平检验。城镇化对本地区数字普惠金融数字化程度的影响效应为0.257，能通过10%显著性水平检验，在空间自相关系数显著为正的条件下，会通过提高城市数字普惠金融数字化程度，进而对其他城市数字普惠金融数字化程度指数的提高起到积极作用，不过，这种影响效应存在作用的衰减性，因而在统计上不显著。

表5－28　基于地理权重矩阵的数字化程度指数影响因素的空间效应分解

变量	SAC模型		
	空间自相关系数	0.428***	
	总效应	直接效应	间接效应
经济水平	14.851 (1.51)	8.415 (1.59)	6.436 (1.29)
金融发展	3.982 (1.02)	2.263 (1.05)	1.719 (0.93)
城镇化	0.453* (1.73)	0.257* (1.86)	0.196 (1.45)
消费活力	1.943 (0.25)	1.096 (0.25)	0.846 (0.24)
产业结构	0.518** (2.24)	0.293*** (2.67)	0.225* (1.66)
财政支出	0.421** (2.13)	0.239** (2.38)	0.181* (1.67)
对外贸易	0.181 (1.59)	0.103* (1.70)	0.078 (1.36)

注：() 内为Z检测值，“***”“**”和“*”分别表示在1%、5%和10%显著性水平下显著。

第6章

数字普惠金融区域协同发展的经验借鉴

6.1 国外典型地区的发展经验

6.1.1 发达国家的实践经验

在考虑国外发达国家数字普惠金融发展基础上，总结美国、日本和欧盟在发展城市群数字普惠金融的主要做法。具体而言：

第一，美国的实施经验。美国现主要有波士顿—华盛顿、芝加哥—匹兹堡、圣地亚哥—旧金山3大城市群。美国城市群内各城市依靠其优势产业错位发展、相互补充，形成了合理的产业分工格局和产业链条，同时由于数字普惠金融的发展，有力地加速了城市群一体化发展的进程，提高了城市群发展的质量。美国城市群发展数字普惠金融的主要经验在于利用互联网、人工智能等数字技术，不断拓展金融服务的辐射范围，持续探索金融服务的深度，提高城市群之间信息交流的效率、降低信息的处理和传播成本，有效打破了传统金融服务所受到的限制，实现了城市群数字普惠金融的快速发展。美国城市群在发展数字普惠金融领域的主要做法包括：一是大力推动数字支付发展。数字支付作为数字技术与传统金融融合的典型代表，是依托计算机、手机等移动设备，依靠互联网完成支付指令并实现资金权属转移让渡的一种服务。美国数字支付发展起步较早，经过近20多年的发展，已形成以PayPal、ApplePay等为代表的数字支付体系，普及率达到79.15%，但总体上看，美国移动支付市场规模较小（宋湘燕和钱思佳，2019）。虽然美国金融机构大力推动数字支付的发展，但由于消费者缺乏对移动支付的了解，以及成熟的银行卡支付体系，导致数字支付普及速度和广度不尽如人意，成为制约数字普惠金融发展的障碍。二是发展网络借贷。网络借贷的发展减少了小额借款者的时间成本，使借款人快速便捷地获得贷款，帮助其实现资金临时周转等需要。美国证券交易委员在大力鼓励发展网贷借贷的同时将网络借贷平台视为证券发行者加以监管，合规流程非常复杂，且办理各类手续的费用以及保证金极为高昂，约束了违法犯罪行为的发生。三是发行和推广数字货币。发行和推广数字货币能够有效的降低发行成本，提高流通和交易效率，确保中央银行获得市场一手反馈信息的准确性和效率。同时，在监管方面美国政府一直对数字货币保持谨慎态度，更加关注数字货币对个人数据保护、反洗钱、反恐怖主义融资等方面的作用。四是鼓励互联网银行和数字银行发展。美国的互联网银行的主要来源于以下三个途径：其一，来源于传统银行开立的互联网银行子公司或下设的互联网银行部门，将互联网银行作为其进一步发展的途径；其二，来源于由其他非银行金融机构设立的互联网银行，起到对现有业务拓展的作用；其三，来源于非金融机构建立的互联网银行。进一步，随着数字技术的发展，纯数字银行也发展了起来。纯数字银行本身没有获得成立银行的许可，但其可以与传统银行合作，共同为用户提供银行服务。在这种合作共赢的运营模式下，传统银行得到了进入互联网的契机，从而能够通过数字技术开展更多的创新业务，拓展市场空间。五是促进传统银行业转型。随着互联网、大数据、人工智能等数字技术的迅速发展，各大银行也将银行的数字化转型提上议程。美国银行机构主要将大数据、人工智能等数字技术应用于供应链金融、智能客户、风险定价等领域的具体业务中，推动银行业务的数字化以及处理效率。

第二，日本的实施经验。日本太平洋沿岸城市群主要由 3 大都市圈，即东京都市圈、大阪都市圈和名古屋都市圈构成。日本太平洋沿岸城市群 GDP 占整个日本的 70%，人口 8000 多万，占日本总人口的 60% 以上（包卿和浦徐进，2022）。同时，日本中小企业在国民经济体系中占据核心地位，对其经济发展与转型至关重要。截至 2016 年，日本政府公布数据显示，其全国企业共有 358.9 万家，中小企业和小规模经营者占比 99.7%（博鳌亚洲论坛研究院，

2020）。因此，如何为日本太平洋沿岸城市群里的中小企业和小规模经营者提供普惠性的数字金融服务以保证其正常运行成为日本各界优先考虑的头等大事。日本城市群发展数字普惠金融的主要经验在于形成有效的普惠金融体系、建立三维度融资供给体系、注重社会参与以及制定差异化的中小企业融资优惠政策体系这四个方面。一是由日本政府主导的普惠金融体系对日本的中小企业和小规模经营者的持续健康运行起到了不可或缺的作用。其普惠金融体系主要由中央银行、民间金融机构与政策性金融机构三部分构成，并进一步形成符合日本实际国情的发展格局，即以中央银行为引领、民间金融机构为中枢以及政策性金融机构为辅助。二是由日本政策金融公库、地方信用担保协会和商工中金银行股份有限公司所形成的三维度政策性融资体系为其中小企业与小规模经营者长期可持续发展保驾护航。该种体系主要提供如风险管理、信用保障以及其他符合市场经济运转的保障机制，从而使得中小企业群体和小规模经营者融资便捷、运转高效。三是日本的政策性融资体系珍视社会力量，允许、鼓励与倡导符合条件的非营利性组织参与中小企业支援体系，进一步缓解金融机构和企业间信息不对称问题，有效拓宽中小企业突围融资困境的安全渠道。如基于政府的支持一些“商工会议所”和市町村的“商工会”所在区域的中小微企业自愿加入该体系。四是日本基于国家发展进程与发展国情，制定差异化中小企业融资优惠政策体系。其优惠政策制度主要有以下三种情况：其一，安全网贷款制度。对于短期内企业运营出现危机，但预计中长期资金周转困难得以改善以及经营状况将有明显好转的中小企业实施相应贷款扶持制度。其二，新开办企业支持资金。对于新开办的中小企业且可提供就业岗位、高新技术与服务实施无抵押无担保的融资制度。其三，新事业培育特别融资制度。对于高增长、新兴性的中小企业实施资金扶持制度（彭十一，2007）。

第三，欧盟的实施经验。欧洲西北部城市群是欧盟最具代表性的城市群，其主要有法国巴黎都市圈、德国莱茵—鲁尔都市圈、荷兰兰斯塔德都市圈及比利时安德卫普都市圈等组成。其合理的产业分工定位、发达的区域基础设施体系以及有效的区域组织协调机制在与之匹配的数字普惠金融体系下更是相得益彰。欧盟为了推动欧洲西北部城市群的进一步发展，专门成立了欧洲投资银行为城市群里的中小企业提供普惠性的数字金融服务，具体包括以下几个举措：

为中小企业提供专门的普惠性金融业务、成立专门支持中小企业融资发展的欧洲投资基金、推动中小企业的资产证券化以及建立专门为中小企业服务的金融市场。一是欧洲投资银行为中小企业提供的普惠性数字金融业务包括以下3个：其一，全球贷款，该款项用于支持与欧盟全球化发展规划有关的中小企业的基础设施建设与投资；其二，是贴息贷款，该款项用于为特定企业提供贴息贷款；其三，是阿姆斯特丹特别行动计划（ASAP），该计划提供贷款与资金支持对象为高度劳动密集型与新技术领域的中小企业（吴迎，2005）。二是为了进一步支持欧盟中小企业发展，欧盟委员会和第三方金融机构共同成立了欧洲投资基金。该投资基金为提高金融机构向中小企业提供贷款和风险投资的能力，对如商业银行等金融机构提供风险共担的金融产品，从而间接地降低了中小企业融资难度。三是大力推进中小企业资产证券化。欧盟推动中小企业的资产实现证券化主要通过提供担保和直接购买两种业务。一方面，欧洲投资银行为资产证券化的发起人提供担保以保证中小企业的融资，另一方面，这些担保能够使资金的来源多样化，并通过转移信用风险降低经济成本和监管成本。四是建立专门为中小企业服务的金融市场。

6.1.2 发展中国家实践经验

发展中国家推动数字普惠金融发展进行了诸多有益的探索，以肯尼亚和印度为代表，主要做法包括：

第一，肯尼亚的实践经验。内罗毕、纳库鲁以及蒙巴萨是肯尼亚3个主要的城市，并且在长期的发展中形成了相应的城市群。但肯尼亚城市群的产业分工及其互补、城市群基础设施体系以及区域组织协调机制的发展还不够。同时由于数字普惠金融服务能够在各产业的发展进程中，高效地为生产、分配等各个环节配置资源。因此，肯尼亚通过使用移动支付、网上银行和其他金融科技工具发展普惠性金融来弥补这一巨大缺口。肯尼亚发展数字普惠金融的主要经验在于移动货币的成功推广、其他数字金融服务的快速拓展，例如推出数字信贷产品、数字保险产品以及创新投资方式上。包括：一是在长年的发展下，肯尼亚拥有非洲最成功的移动货币部门。肯尼亚萨法利通信公司在很早就推出了基于移动手机的移动货币汇款服务，并且随着数字技术的发展，米佩萨公司的移动货币服务现已发展成为涵盖多种个人对个人、个人对企业支付功能的服务，覆盖了包括政府公共部门、加油站、超市以及医院等费用的支付，有力推动了数字普惠金融的发展。二是肯尼亚商业银行与其他科技金融企业合作推出了类似于数字信贷的产品，该产品数可以根据用户需求量身定制，并用人工智能的机器学习模型来实现而无须人工干预，这类数字信贷产品已使肯尼亚的数百万贫困家庭受益（马丽春，2019）。近几年，肯尼亚已经发展出现了的数字保险产品，包括车辆、旅行和健康保险，这些数字保险产品同样也可以根据特定用户需求进行定制，并通过手机应用程序或市场按需交付。三是推动数字金融服务的创新运营服务的数字化。要求数字金融服务不仅在最终结果上以数字化的形式展现，同时在整个服务流程方面也要完全实现数字化服务，减少线下流程，这样不仅能持续提高金融服务的效率，而且能够更好地避免金融服务过程中存在的权力寻租和腐败问题，使金融服务更加规范严谨。同时升级金融市场的投资方式，支持以新颖的方式投资于债券、共同基金等。

第二，印度的实践经验。印度主要有着3大城市群包括：新德里和北方邦一起组成了新德里城市群、马特拉施特拉邦和古吉拉特邦组成了孟买城市群、卡纳塔克邦的班加罗尔和泰米尔纳德邦金奈走廊形成了南部城市群。为了进一步拓展扩大城市群的辐射能力，加强城市群对经济的带动作用，印度政府与印度储备银行出台很多政策措施来进一步发展数字普惠金融。印度进一步发展数字普惠金融的主要经验在于推动中低收入群体开立金融账户、提高低收入者的贷款的可得性、发放数字身份码、推出特别行动计划以及鼓励金融机构创新业务和运营模式这5个方面：一是印度政府和印度储备银行采取多种措施鼓励中低收入群体开立电子金融账户，不断增强中低收入者的金融需求（贾立等，2016）。为降低中低收入群体享受数字普惠金融服务的成本，储备银行要求各商业银行为其开设基本电子账户时仅按照最低标准收取费用，并不强制开户人储蓄，允许其账户余额为零，从而快速的扩大其覆盖面。二是提高低收入者的贷款的可得性。印度储备银行要求商业银行通过农村和郊区的分支机构推广“通用信用卡”，以及其他便利的数字信用贷款工具。三是发放数字身份码。为避免低收入群体在银行开户的困难，印度为每一个居民分配一个唯一的数字身份码，来解决身份证明的问题。四是印度政府推出了特别行动计划，例如推出旨在为每一个家庭开设一个电子银行账户以实现家庭普惠金融的特别行动计划。该计划提供了很多很有吸引力的功能，例如零余额、可透支、免费的人寿保险。五是金融机构在创新业务和运营模式的同时利用数字技术为中低收入者提供金融服务。其一，推出业务联络员模式。民间社会组织、微型金融机构等均可成为联络员，充当银行代理人身份。该种模式下使得银行与客户关系更为紧密，沟通、服务等更为便捷高效。其二，印度银行大力倡导、支持数字技术的应用。为联络员配备数字设备，使得客户可直接通过指纹识别技术高效完成银行业务办理，另外，政府还可通过生物识别智能卡发放救济金。其三，大幅度降低商业银行开设分支结构门槛，完全不限制 ATM 机摆设并将其作为商业银行重要考核标准之一。这些措施均为印度的数字普惠金融发展提供了强劲的引擎（杨雪，2011）。

6.2 国内其他城市群已有经验

6.2.1 京津冀城市群发展经验

京津冀城市群推动数字普惠金融及相关领域发展的主要做法体现在以下几个方面：

第一，北京的实践经验。北京作为全国的经济中心，普惠金融的发展水平居于中国前列，发展普惠金融的举措如下：首先，鼓励相关单位以及金融机构要加大对创新创业企业的投资和帮扶力度。同时进一步完善向创新创业企业投资的资金支持机制与完善初创企业机构的分级别风险补偿机制。其次，采取投资与提供贷款双联合的模式，拓展企业的资金来源。商业银行等金融机构要采取股权债权相结合的新型融资服务模式为创新创业企业提供资金，同时加强与其他金融投资机构的投贷联动，进一步加强对创新创业企业投资和信贷扶持力度。再次，推动普惠性金融产品多层次多样性发展，加快研发与中小微企业特点相匹配的普惠性融资产品节奏。同时鼓励中小微企业利用优先股、资产证券化等创新性普惠金融产品融资发展。最后，要加快互联网金融信用信息平台建设。坚持公益性互联网征信平台与商业性互联网征信机构双轨并行，建立健全低成本、多维度与强时效的综合信用评价体系。同时，推进大数据技术深度运用，提高现有传统金融服务平台海量沉积数据在客户分析、信用分析与风险识别等方面使用率。

第二，天津的实践经验。天津承担着推进京津冀协同发展、服务“一带一路”建设等重大国家战略任务，拥有改革开放先行区、金融创新运营示范区等先行优越条件，大力推动普惠金融的发展对天津“十四五”时期开启全面建设社会主义现代化大都市具有决定性意义。推动普惠金融发展的天津实践如下：首先，满足在津金融机构发展普惠金融的外部资源需求，保持政府推动金融机构转型的步调一致。天津市金融局于 2021 年初开始对金融机构、大型金融科技公司等单位开展调研。从平台设施、获客渠道等方面了解金融机构的需求。通过了解金融机构的真实需求，能够更好地推动普惠金融发展，实现政府和企业步调一致。其次，建设线上融资共克时艰平台，起初旨在疫情期间为小微企业提供一个线上化的融资服务渠道，搭建数字化银企对接“桥梁”，提高融资供需两端的匹配效率。2021 年 5 月，“津心融”平台上线运行，平台围绕服务企业，运用大数据思维，缓解金融机构与企业间的信息不对称问题，通过整合各种类型金融产品，搭建线上金融服务“超市”，将企业“上门申贷”转变为“在线选贷”。同时平台还汇聚了银行、保险、融资担保、小额贷款等类型金融机构的多样化金融产品，开设了乡村振兴、首贷中心等特色金融服务专区，满足不同阶段、不同规模、不同行业、不同需求小微企业的融资需要。再次，研究数据开放渠道、应用模式和共享机制，推出了相关政府部门单位公共数据共享应用，进一步满足金融机构在贷前审查、客户评价、风险控制等阶段的数据资源需求。同时依托“津心融”平台，持续推出普惠性的特色金融产品，有效满足不同行业中小微企业融资需求。最后，跟踪服务，平台针对市场主体在各个发展阶段的金融服务需求，积极开展线下融资对接、专题培训等综合服务，形成了“线上与线下”“成长培育与跟踪服务”的服务体系，形成全流程的服务闭环。

第三，河北的实践经验。河北省坚持京津冀协同发展战略与把握雄安新区发展机遇，大力推进金融改革创新，普惠金融的发展程度不断提高，致使实体经济搭载金融经济不断攀升。河北省推动普惠金融发展的实践主要如下：首先，保证金融资源精准衔接国民经济发展薄弱环节，并加大对扶贫、民营、小微领域的支持力度。数据显示 2020 年末，贫困县贷款余额占总贷款额比重为 11.8%。同比 2020 年增加了 2 个百分点。2020 年连续 9 个月普惠小微企业贷款增速超 20%。同时，民营贷款年近 5 年年均增长率为 16.4%，显著高于全部贷款 13.1% 的增速。其次，坚持服务于国家重大发展战略，不断提升对京津冀协同发展与雄安新区规划建设金融资金投入力度。2019 年雄安新区进入实质性发展阶段，其贷款增速超 30%。截至 2020 年，612 亿元的贷款余额是建立之初 3.3 倍。再次，进一步提升金融支持实体经济的能力。大力倡导金融机构增加对制造业中长期的贷款额度，并鼓励符合条件的制造业通过股票与债券市场等手段发展融资租赁等业务。同时，注重“新基建”与数字经济，夯实数字普惠金融发展基础。加快新基建项目与金融资源对接步伐，鼓励金融机构数字化转型与金融产品创新，提高对数字化交通基础设施与物流系统等数字经济的支持力度。同时，兼顾金融扶贫与乡村振兴，使得贫困地区现有信贷投放水平稳中有进。最后，高度重视创新驱动发展战略，积极倡导、鼓励与支持金融机构开发投贷联动新发展模式，提升对位处初创期科技型企业的金融扶持力度。务实推进雄安新区开展科技金融创新工作，并驱策各金融机构在该区增设专项科技金融分支机制。

6.2.2 长三角城市群发展经验

长三角城市群数字普惠金融快速发展，上海、江苏和浙江形成系列发展经验，具体而言：

第一，上海的实践经验。上海作为中国的国际金融中心，其普惠金融的发展经验值得我们借鉴。上海发展普惠金融的措施如下：首先，加快金融改革与创新。要加强金融科技的研究和应用，全面提高金融机构、金融市场的效率。鼓励金融机构发展基于数字技术的业务、信息安全等系统，同时支持金融业同其他领域的数据进行共享，精准地发展数字普惠金融。其次，建设多层次的金融市场服务功能。进一步强化中国外汇交易中心、上海证券交易所、上海期货交易等机构的作用。完善人民币跨境支付系统，进一步提高人民币清算、结算效率。通过上海自贸试验区的建设与招商引资等工作，锻造出人民币跨境支付系统与国际金融中心以及其他投融资中心等政府机构高效沟通桥梁，助力人民币跨境支付系统的国际宣传和交流。再次，加快普惠性金融产品和工具的创新。要适应中国经济转型升级的要求，支持场内、场外创新业务有序发展，稳步发展国债、外汇、股指等期货、期权产品，积极推进商品期货、期权及商品指数、碳排放权等交易工具发展，形成覆盖远期、期货、期权、掉期及其组合的衍生品序列，有效帮助实体经济管理价格、信用等各类型风险。同时扩大企业资产证券化规模，支持企业发行可转换债券、永续债等债务工具创新。然后是提升金融信息化和网络安全水平。倡导我国金融管理部门与国内外各金融机构在上海搭建信息化平台、服务中心以及数据备份中心，积极建设与大力引进有关金融数据、金融信息和金融软件服务型企业，最终形成金融信息服务产业集群。同时，贯彻落实网络安全等级保护制度，完善金融业信息安全防护体系，大幅提升信息系统抵御风险的能力。最后，提升金融法治建设水平。进一步发挥上海金融法院的职能作用，注重加强与各金融监管部门深度合作，积极建立健全调解与仲裁、诉讼等对接机制，并加快推进第三方金融纠纷调解中心建设步伐，在金融纠纷非讼解决方式方面先行先试，建立公平、公正和高效的纠纷解决机制。加强对司法、执法人员的金融知识专业培训，提升金融司法和执法水平。另外，以行业协会自律组织作为重要补充，有效构筑、明晰与优化该类组织的治理方式与治理结构，从根本上提升行业协会自律组织的管理水平。

第二，浙江的实践经验。浙江省发展普惠金融的措施如下：首先，进一步提升金融服务对中小微与民营企业扶持力度。促进融资增量扩面。为提升民营经济贷款与企业信用贷款比重，督促各金融机构对市场主体的贷款门槛、贷款利率与尽职免责条件等差异最小化，从根本上提升普惠小微企业的贷款总规模；促进融资服务增效提质。以创新金融支持民营企业的政策工具为基准点，推进小微企业信贷的“增氧计划”和金融服务“滴灌工程”，实现金融服务质量质变目标。促进数字金融赋能；大力创新推广金融便捷服务，如“贷款码”

与“信易贷”等方式，破解信用评估、风险定价等约束小微企业发展的困局；有效降低综合融资成本。采取“无还本续贷”与“中期流动资金贷款”，允许保险与银行保函等方式替代保证金、杜绝不合理费用等方式，从而实现降低小微企业的综合融资成本。其次，贯彻落实普惠金融对乡村振兴的积极作用。建立健全农村金融结构体系，倡导金融业务下沉到县域及以下行政区发展，并鼓励各商业银行增设服务乡村振兴战略的分支结构，增强基层数字普惠金融的基本功能与提升服务半径；同时，注重优化“三农”信贷供给，不断研发符合农业新产业、新形态、新业态的信贷产品，推广农村集体用地、农民住房产权等抵押贷款，满足农业在基础设备、种植养殖以及美丽乡村建设等方面的基本资金需求。最后，构建富含浙江本身特色的数字智慧金融平台。推动省市县三级行政平台的纵向联动，构建综合性金融服务平台，实现与数字政府与数字社会双向联动，打造出符合本身实际条件的信息共享制，进而提升信息的及时率、使用率以及使用价值；加快杭州国际金融科技中心建设步伐，发挥杭州在数字经济领域的优势，并大力推进云计算与人工智能在金融领域的实际应用；构建金融服务跨场景应用，利用大数据区块链等新兴技术实现“金融服务+”，如金融+实体、金融+教育、金融+医疗以及金融+旅游等。

第三，江苏的实践经验。近年来，江苏省聚焦普惠金融服务和保障体系建设，在推动普惠金融服务扩大范围、增加规模、降低成本、提高效率等方面取得了明显成效。江苏省发展普惠金融的措施如下：首先，搭建财政与金融政策协同平台，支持实体经济发展。设立省普惠金融发展风险补偿基金，撬动更加广泛的金融资源服务实体经济发展。2021 年，聚焦支小支科支农，首期推出“小微贷”“苏科贷”“苏信贷”“苏农贷”4 个基金子产品。其次，提高金融机构适应和引领实体经济发展能力。充分发挥在社会主义市场经济条件下资本的融资功能，倡导符合条件的企业可通过股权与中长期债券等方式募集资金，实现实体经济长期可持续得到资金供给。再次，优化富民创业担保贷款政策，助力稳就业促创业。将富民创业贷款利率上限下调，对面向苏北地区大学毕业生、复员转业退役军人、返乡农民工等重点群体发放的 15 万元以下小额贷款给予全额贴息，进一步降低创业融资成本。最后，推动江苏省普惠金融的协调发展。建立健全一体化发展机制，构建区域协同并进发展格局。主要表现为支持各经济区与功能区的金融资源共享，同时，在本省主要都市圈（南京都市圈、徐州都市圈与苏锡常都市圈）积极推进支付结算、抵押登记等金融服务融合一体化发展。

6.2.3　粤港澳大湾区发展经验

粤港澳大湾区是指由香港特别行政区、澳门特别行政区和广东省广州市、深圳市、珠海市、佛山市、惠州市、东莞市、中山市、江门市、肇庆市组成的城市群。整体来说，粤港澳大湾区具有经济发展水平高，产业结构合理、工业门类齐全以及产业集群优势等优势，其中广东省九市是我国对外开放的重要窗口，该区域已初步形成以新兴产业为主导、以现代金融服务业为主体的经济发展结构，对经济高质量发展起着先锋模范作用。香港作为国际金融、航运、贸易中心，其服务业发展位于世界前列水平。澳门承担着世界著名的休闲和旅游中心的功能，同时其担当葡语国家商贸文化合作交流平台的作用不断强化。目前，高端电子信息产业、先进制造业以及通信产业在粤港澳大湾区形成有效产业集群，夯实建设世界级城市群的基础，同时也是我国在经济全球化背景下参与全球竞争、提升国际话语权以及巩固国际地位的核心空间载体。为了满足粤港澳大湾区资金进一步融通，金融进一步服务实体的现实需求，粤港澳大湾区全力支持数字普惠金融进一步发展。粤港澳大湾区进一步发展数字普惠金融的经验在于按梯度错位协调发展，层次分明、开放融合，协同发展以及精准安全这3个方面：

第一，按梯度错位协调发展，打造层次分明的数字普惠金融空间格局。目前，粤港澳大湾区已形成以香港、深圳和广州为第一梯队，东莞和佛山为第二梯队，其余城市为第三梯队的梯队化的数字普惠金融空间格局。进一步，在上述数字普惠金融空间发展格局的情况下，港澳大湾区继续深入推进梯度错位协调发展机制，围绕“三核、多极、组团式”，进一步打造层级分明的数字普惠金融空间发展格局。其中“三核”指的是以香港、深圳、广州为粤港澳大湾区进一步发展数字普惠金融的核心城市，“多级”是指以深圳前海、广东自贸试验区等金融聚集区作为粤港澳大湾区进一步发展数字普惠金融的极点城市，同时联动珠江东岸与西岸的金融科技产业核心区与广东佛山科技金融合作区等区域，通过各核心、极点以及金融区由点及面带动形成层次更加分明的数字普惠金融空间格局。

第二，以开放融合、协同发展为要点，进一步推动数字普惠金融进发展。首先，在“双循环”的新发展格局背景下，粤港澳大湾区是国内大循环的核心节点和国际大循环的重要枢纽站。要加强粤港澳大湾区与长三角城市群等国家级城市群、粤港澳大湾区省际、国际三个层级的数字普惠金融的联动。其次，注重内部地区与粤港澳大湾区的协同发展，巩固香港国际金融中心地位与澳门多元化发展双轨并行，同时注重粤港澳三地的跨境数字普惠金融发展体系，构建出多方位、深层次与广覆盖的联动格局。最后，加强粤港澳大湾区与外部地区的数字普惠金融联动。一方面要加强其与北京国家金融管理中心、上海国际金融管理中心以及其他省市区在金融市场、金融机构总部之间的交流、互动与合作。另一方面，大力推动粤港澳大型金融机构“走出去”，顺应经济全球一体化发展趋势，主动参与国际竞争，进而扩大国际影响力的同时探索和建立与国际金融中心的常态化交流机制，从而完善大湾区在数字普惠金融发展方面与国际接轨的运营实践规则与管理制度体系。

第三，精准、安全稳健地服务实体经济。首先，发挥数字普惠金融对实际的支撑作用。以广州、深圳的现代化服务产业带、珠江东岸的高新技术产业带以及珠江西岸先进装备制造业产业带为核心，建设全方位、低成本以及全链条的融资服务完备体系。其次，把握国家经济转型发展机遇，将数字化转型与绿色转型相结合，注重经济社会发展的关键领域、重点领域以及薄弱环节的金融资源配置，注重强化实体经济多样化发展资金需求的后备力量。最后，坚持高质量发展与金融风险防范二合一，大力推进监管体制建设，为数字普惠金融发展提供坚实保障。

第7章

成渝地区双城经济圈数字普惠金融协同发展路径

7.1 强化数字普惠金融支撑

7.1.1 夯实发展的条件基础

成渝地区双城经济圈数字普惠金融及分维度指数影响因素实证分析结果表明，城市经济水平、金融发展和财政支出对于数字普惠金融发展起到影响作用，有必要夯实发展的条件基础，助力数字普惠金融发展。具体而言：

第一，加快经济发展水平提升步伐。实证研究结果显示，以人均地区生产总值衡量的经济水平，对城市数字普惠金融指数和覆盖广度指数产生明显的正向促进作用，在考虑城市之间空间关联性的条件下，经济水平还对使用深度产生一定的空间溢出效应。因此，需要加快成渝地区双城经济圈经济发展水平的提升步伐，为数字普惠金融发展奠定良好基础条件。具体而言：一是充分发挥重庆主城和成都的“双核”引领作用。加强重庆都市圈和成都都市圈的建设力度，通过打造“双核”增长极，凸显成渝地区双城经济圈在全国经济发展中的重要作用，增强对周边地区资金、人力资本、技术等要素资源的吸引力度，吸引经济资源不断向成渝地区双城经济圈集聚，进而创造经济发展水平提升的良好条件。二是加快培养形成新质生产力。加强成渝地区双城经济圈劳动者素质的提升，以高等教育发展为带动，各级各类教育及培训同步演进，提高劳动者受教育水平，形成经济发展强有力的动能。发展更高水平的劳动资料，将新一代信息技术、先进制造技术、新材料技术融入成渝地区双城经济圈经济发展中，推动生产力不断向前发展。拓展劳动对象，大力发展诸如数据这样的新型生产要素作为劳动对象，繁荣和发展成渝地区双城经济圈经济活力。三是协调好城市经济发展的竞合关系。地理邻近地区经济水平发展对城市数字普惠金融使用深度具有正向影响效应，但经济水平邻近地区的经济发展则存在负向的空间溢出效应，因而需要协调好成渝地区双城经济圈城市经济发展之间的竞合关系，成渝地区双城经济圈南翼和北翼地区在重庆都市圈和成都都市圈带动下稳步发展，重庆都市圈和成都都市圈内部应做好核心区与外围区的协调发展工作，重庆主城与成都之间做好错位发展的协调工作，为数字普惠金融发展奠定基础。

第二，着力打造坚实金融发展基础。实证研究结果表明，以金融机构存贷款余额与地区生产总值比重衡量的金融发展，对于数字普惠金融覆盖广度指数的提高起到积极作用，考虑城市之间数字普惠金融的空间自相关性，金融发展对地理邻近地区数字普惠金融使用深度指数的提高产生正向的空间溢出效应。因此，应该着力打造坚实金融发展基础，为成渝地区双城经济圈数字普惠金融发展创造条件。具体而言：一是依托西部金融中心建设打造金融“总部”基地。中国人民银行等联合印发的《成渝共建西部金融中心规划》，明确支持成渝地区双城经济圈建设西部金融中心，在此过程中，应该积极争取国内外知名金融机构，前来川渝地区开设区域分中心、业务结算中心乃至于总部机构，通过吸引金融“头部”机构集聚以重庆江北嘴为代表的金融创新发展区域，做大做强成渝地区双城经济圈金融规模，为数字普惠金融的发展提供强有力的支持。二是加强普惠式业务开发和数字化技术支持。数字普惠金融发展的核心在于普惠式业务和数字化技术，成渝地区双城经济圈金融发展的着力点之一，可以加大普惠式业务的开发，面向居民个人、小微企业等相对规模较小的经济主体，开发合适的借贷服务、信用服务、投资服务等，通过银行机构 App 自主开发，以及与蚂蚁金服等企业的数字化平台合作，促进数字化技术与金融业务的交互融合，更好地支持成渝地区双城经济圈数字普惠金融发展。三是加强重庆主城和成都的金融辐射支撑。通过重庆主城和成都两个区域性金融强极的打造，不断吸引金融资源集聚成渝地区双城经济圈，在此基础上，加强其他城市与重庆主城和成都的金融发展关联，以双核为带动，辐射周边城市金融发展，共同助推成渝地区双城经济圈数字普惠金融的发展。

第三，充分发挥政府支持经济作用。根据实证研究结果，以地方政府预算支出占地区生产总值比重衡量的财政支出，对于成渝地区双城经济圈数字普惠金融数字化程度指数的提高，具有明显的促进作用。同时，考虑地理邻近地区城市之间的相关作用，财政支出还具有正向的空间溢出效应。因此，须充分发挥政府支出经济作用，进一步提高数字普惠金融的数字化程度。具体而言：一是合理调整政府支出的规模。政府财政支出作为经济总产出增长的动力之一，发挥着重要的作用，特别是对数字基础设施的建设，对数字普惠金融数字化程度的提升起到显著的带动作用。也需要考虑到公共部门财政支出对于私人部门经济活动可能产生的“挤出效应”，因而需要合理调整成渝地区双城经济圈的政府支出规模，确保有效支撑以数字普惠金融为代表的经济业态的稳定发展。二是提高财政资金的使用效率。在“数字 +”经济发展背景下，有必要超前布局成渝地区双城经济圈数字基础设施，不仅有利于数字普惠金融发展，也有利于其他数字经济业态的同步发展，在此过程中，需要合理规划布局数字基础设施建设的规模和地域，避免不必要的投入，川渝毗邻地区可以通过数字基础设施的互联共享，实现财政资金的高效率利用。三是适度加强财政资金对数字普惠金融发展的倾斜力度。数字普惠金融具有的便利性和普惠性，对于居民个人和小微企业等经济主体参与经济活动起到至关重要的作用，财政资金在支持经济社会整体发展的过程中，可以适度在一些金融领域，如小微担保，加强资金支持力度，保障成渝地区双城经济圈数字普惠金融的发展。

7.1.2 加快结构调整的步伐

成渝地区双城经济圈数字普惠金融发展的实证研究结果表明，经济结构对于数字普惠金融发展产生影响，产业结构布局、人口分布结构以及货物贸易结构都会对数字普惠金融发展产生一定的作用影响，且存在地理邻近地区的空间溢出效应，须加快结构调整的步伐，助力成渝地区双城经济圈数字普惠金融发展。具体而言：

第一，推动三次产业结构有序升级。实证研究结果显示，以第三产业增加值占地区生产总值比重衡量的产业结构，对于数字普惠金融指数和数字化程度指数均有显著的促进作用，考虑地理邻近地区的空间自相关性，产业结构还具有正向的空间溢出效应。因此，应该逐步加大第三产业发展规模，支撑成渝地区双城经济圈数字普惠金融发展。具体而言：一是加快生产性服务业发展。现阶段，成渝地区双城经济圈已经形成第三产业为主导，第二产业为基础，第一产业作支撑的产业格局体系，推动第三产业增加值占地区生产总值比重的提升，可以加快生产性服务业发展步伐，以产品研发设计、农业社会化服务等生产性服务业的发展，为第二产业和第一产业提供助力的同时，进一步壮大第三产业规模，进而对成渝地区双城经济圈数字普惠金融发展起到支撑作用。二是扩大生活性服务业规模。通过满足消费者日益多元化的需求，在商业服务、旅游服务、文化产品等领域打造生活性服务新业态，带动现代服务业规模的扩张，从而有效助推成渝地区双城经济圈数字普惠金融的发展。三是实施第三产业错位发展策略。为避免第三产业同质化发展对城市产业结构升级造成的阻碍，成渝地区双城经济圈推动第三产业规模发展应该实施错位发展策略，重庆都市圈、成都都市圈核心区域主要发展面向消费者的生活性服务业态，其他地区的重点是推动现代服务业与工业、农业发展的深度融合，从而更好地促进成渝地区双城经济圈城市产业结构升级创造条件。

第二，促进人口合理地向城市集中。从成渝地区双城经济圈数字普惠金融发展影响因素的实证结果看，以城镇人口占总人口比重衡量的城镇化，对数字普惠金融覆盖指数具有明显的促进作用。因此，应该促进人口合理地向城市集中，进一步提高数字普惠金融覆盖广度。具体而言：一是做好农村人口向城市迁移的保障工作。为保障农村人口顺利向城市进行迁移，须要做好其在城市的基本生活保障工作，确保农村人口原有的农村资产，如具有承包经营权的农村土地的权利继续得到保障，消除农村人口进城工作可能存在的就业歧视问题，为进一步提高城镇化水平，增强数字普惠金融的覆盖广度，奠定基础。二是合理规划城镇人口布局。引导农村人口向重庆主城、成都这两个核心城区转移的同时，还需要考虑城市产业结构引致的就业岗位需求，促使部分农村人口就近实现城镇化，节约转移人口的迁徙成本，也有利于成渝地区双城经济圈整体城镇结构布局的建设，从而能实现数字普惠金融覆盖广度的协调推进。三是引导现代化生产要素投入农业生产。农村人口向城市的集中，引致的问题是劳动力净流出的农业部门如何保证生产有序开展，这就要求在推动城镇化以促进成渝地区双城经济圈数字普惠金融覆盖广度提升的同时，需要引导现代化生产要素投入农业生产，以填补农业劳动力流出的空白。

第三，继续加强对外贸易发展力度。根据成渝地区双城经济圈数字普惠金融发展影响因素的实证研究结果，以进出口总额占地区生产总值衡量的对外贸易，对于数字普惠金融指数，以及使用深度指数和数字化程度指数，均存在正向影响，在考虑地理邻近地区的空间自相关性的条件下，对外贸易对于数字普惠金融使用深度指数的提高还具有空间溢出效应。因此，在以国内大循环为主的基础上，还应该发挥国内国际双循环的作用，继续加强对外贸易发展力度，助力成渝地区双城经济圈数字普惠金融发展。具体而言：一是着力打造西部地区对外贸易增长极。数据显示，重庆和四川是西部地区货物进出口贸易规模排名前2位的省级行政区，这为成渝地区双城经济圈对外贸易发展创造坚实基础。应该充分发挥重庆主城和成都的引领带动作用，加大对国内外知名贸易企业的吸引力度，争取国内贸易企业在川渝地区建立区域分中心，力争国际贸易企业设立分支机构，通过贸易总部基地的建设，进一步集聚对外贸易资源，引领带动成渝地区双城经济圈对外贸易发展，进而助力数字普惠金融建设步伐。二是建设好综合性立体交通枢纽。发挥成渝地区双城经济圈具有的区位优势，联动落实国家“一带一路”合作倡议、西部陆海新通道、长江经济带等发展规划，以重庆主城和成都为核心，打造好集公路、铁路、航空、水运为一体的多式联运枢纽，奠定对外贸易发展的设施基础，从而为成渝地区双城经济圈数字普惠金融发展创造条件。三是形成核心城市为带动的外贸发展格局。发挥重庆主城和成都的对外贸易引领作用，通过外向型经济业态的产业分工，与成渝地区双城经济圈其他城市建立关联纽带，做好外向型经济产业业态的梯度布局，从而以外贸核心城市为驱动，带动城市对外贸易协同向前发展，从而有利于各个城市数字普惠金融的发展。

7.1.3 激发消费市场的活力

从成渝地区双城经济圈数字普惠金融影响因素及其空间溢出效应的实证结果来看，以社会消费品零售总额与地区生产总值比值衡量的消费活力，对于数字普惠金融指数、覆盖广度指数和使用深度指数均有明显的促进作用，且在地理邻近和经济邻近地区，都存在着正向的空间溢出效应。因此，有必要进一步激发消费市场活力，推动成渝地区双城经济圈数字普惠发展。具体而言：

第一，发展高质量多元化消费业态。作为数字普惠金融发展的重要驱动力，繁荣的消费市场通过高质量和多元化的消费业态，引发居民个人对支付服务、借贷服务的应用，也会促进小微企业融资信贷业务的需求，从而助力数字普惠金融全面发展。为此，需要发展高质量多元化的消费业态。具体而言：一是打造国际性的消费中心城市。重点强化重庆主城、成都两个中心城区的消费市场建设，实施打造国际消费目的地行动计划，发挥重庆主城和成都各自优势，在消费领域打造新地标、新品牌和新场景，引领带动成渝地区双城经济圈消费市场发展。二是创新消费场景。加快成渝地区双城经济圈"数字+消费"业态圈的打造，促进实体商业的数字化、智能化升级，推动智慧商圈、智慧商店和数字化特色街区的建设，在促进成渝地区双城经济圈消费市场快速发展的同时，也更加契合数字普惠金融发展的要求。三是进一步集聚全球优质消费资源。在重庆主城和成都的带动下，把成渝地区双城经济圈打造成为优质市场主体的集聚地，争取全球性、全国性和区域性品牌首店、旗舰店和连锁店的入驻，为消费者提供高质量和多元化的产品服务，创造消费市场发展新格局，支撑成渝地区双城经济圈数字普惠金融发展。

第二，努力营造良好消费发展环境。良好营商环境的塑造，有助于吸引更多消费领域商家前来成渝地区双城经济圈入驻，也能为消费者提供良好购物体验，吸引周边地区消费者到成渝地区双城经济圈进行消费活动，从而做大做强消费市场规模，为成渝地区双城经济圈数字普惠金融发展提供助力。具体而言：一是完善消费配套设施建设，按照国际性消费中心城市标准，建设完善各类消费配套设施，注重川渝文化在消费场所的融入，营造具有文化气息的消费场所环境，给予消费者更好的消费体验，从而集聚成渝地区双城经济圈消费市场人气。二是加快完善消费者权益保障制度。通过事前、事中和事后的监管体系布局，在消费产品价格定价及质量检测、商家营销行为规范和产品售后服务等领域，加强市场监督和管理，塑造成渝地区双城经济圈良好的消费市场环境，使消费者权益得到有效保障，进一步激发消费者前来成渝地区双城经济圈消费的热情和动力。三是实施消费促进政策。着力提升移动支付、国际消费便利化水平，推动服务标准化建设，提高消费者消费的便利性，使消费市场活力提升与数字普惠金融协同发展，在繁荣成渝地区双城经济圈消费市场的同时，促进普惠式、数字化的金融服务业态的创新发展。

第三，加强消费市场的辐射引领力。成渝地区双城经济圈数字普惠金融影响因素的空间溢出效应实证研究结果表明，消费活力不仅在地理邻近地区存在正向的空间溢出效应，在经济邻近地区同样具有积极的空间溢出作用。因此，需要加强消费市场的辐射引领力，通过本地消费市场的建设，带动周边地区数字普惠金融的发展。具体而言：一是发挥好重庆主城和成都的引领带动作用。以重庆主城和成都这两个国际性消费目的地城市建设为引导，通过强化消费市场集聚区的市场规模，壮大消费市场份额，依靠消费市场活力的提升，在推动两个中心城区消费极核数字普惠金融发展的同时，通过消费活力的溢出效应，带动空间邻近城市数字普惠金融发展，同时，也能对经济水平相近城市的数字普惠金融发展起到积极作用。二是加快关键节点城市的消费市场培育。在成渝地区双城经济圈中，云阳、南充、达州、黔江这些节点城市社会销售品零售总额在地区生产总值中具有较高比重，反映出城市消费市场具备的活力，需要发挥这些关键节点城市的消费承接作用，在重庆主城和成都两大中心城市带动下，发挥纽带的带动作用。三是城市之间广泛开展消费领域合作。按照差异化发展原则，不同城市依靠自身消费市场禀赋特征，在商贸批发市场、文化旅游市场等不同领域错位发力，加强消费市场产品与服务的合作与交流，共同助推成渝地区双城经济圈消费市场规模的做大做强，有效支撑数字普惠金融发展。

7.2 建设空间网络关键节点

7.2.1 打造数字普惠金融增长极

第一，外引内培扩大金融机构规模。扩大金融机构的规模可以从扩大金融机构的数量和质量入手。首先，重庆主城和成都可以通过从外引进高质量和高竞争力的银行、证券、保险、资管、信托、汽车金融、全国性金融后台中心等金融机构来增加金融机构的数量和质量。同时，重庆主城和成都必须要通过集中培训、跟踪培养等方式来着力打造一批国际视野开阔、专业素养精湛、实践经验丰富的高端复合型金融人才推动提升金融机构的质量和数量。其次，重庆主城和成都各有关部门应从建设竞争且有序的金融市场入手，建立公平的市场竞争机制，为不同金融机构参与市场竞争创造平等、透明的外部环境。最后，相关部门要制定和规范金融市场的地方法规或规章，加强财政、司法、工商等部门的密切配合，严厉打击金融违法犯罪行为，为金融机构正常经营创造一个良好的法制环境。

第二，做大做强域内普惠金融服务。重庆主城和成都可以从突出主业、增量扩面和科技赋能这 3 个方面做大做强域内普惠金融服务。首先，要突出主业。金融机构要把支持中小微企业正常发展、乡村振兴等普惠领域的需求放到更加突出的位置。对涉及乡村振兴和中小微企业等普惠领域的需求单列信贷计划，简化审批报备流程，为其提供绿色无障碍通道服务。对暂时经营困难的并经审核符合条件的中小微企业，可申请无息贷款，切实做好帮扶纾困工作。积极支持乡村振兴，针对不同客群，提供定制化信贷服务方案。其次，增量扩面。全面提升面向中小微企业和乡村振兴等普惠领域的贷款额度，同时全力拓展普惠领域的客户数量，要做到普惠金融领域的贷款额度与客户数量逐渐增加。最后，科技赋能，强化线上信贷投放能力。金融机构要持续加大科技投入，建成国内领先的互联网金融平台，为营销管理、客户体验、风险防控等提供技术支撑。

第三，深化金融服务的数字化程度。重庆主城和成都可以从搭建数字金融服务桥梁、重视和强化数据平台的完善和构建、线上与线下结合跟踪服务这3个方面入手深化金融服务的数字化程度。首先，搭建数字普惠金融服务的桥梁。重庆主城区和成都相关部门可以主导建设数字普惠金融服务平台，为中小微企业等普惠金融领域的需求主体提供一个线上服务平台，推动金融服务的数字化转型工作逐步深入，并且持续拓展平台服务功能，搭建数字化供需对接“桥梁”，提高供需对接效率。其次，重视和强化数据平台构建和完善。为有效解决供需两端信息不对称问题，重庆主城和成都市相关单位要积极梳理金融机构公共数据需求，研究数据开放渠道、应用模式和共享机制，协调相关部门和单位推动公共金融数据共享平台的构建和完善。最后，线上与线下结合跟踪服务。虽然数字化手段提高了金融服务效率，但是对于部分在线上难以解决的问题或者存在较大技术困难的市场主体，依然非常需要线下的金融服务。金融机构和相关单位要针对市场主体在各个发展阶段的金融服务需求，积极开展线下对接、专题培训、针对性辅导等综合服务。

第四，实现与实体经济的有序联动。重庆主城和成都可以从完善金融经济体系、规范企业在金融市场的融资标准和做好市场监管这3个方面来实现金融与实体经济的有效联动。首先，完善金融经济体系。深入推进成渝地区双城经济圈金融与实体经济交互、融合，一方面金融经济促进实体经济发展，提升实体经济资金周转效率，增强其抵御外在风险的能力。另一方面，实体经济反作用于金融经济，筑构完善的金融发展体系。其次，规范企业在金融市场的融资标准。规范的融资标准是促进国民经济长期可持续发展的重要保障，如果融资标准不合理，则难以促进实体经济发展，将对实体经济的运营造成严重不良影响。最后，做好市场监管。一方面要贯彻落实金融经济的全方位、多维度风险管理制度，精准把握市场发展现状以及发展趋势，聚焦各金融机构资金流水、资金流向等工作，做好资金流动速度减慢、资金流向异常以及资金回流异常问题预防机制与预警机制。另一方面，需持续推进针对金融体系规章管理制度优化、完善问题，建立起一套符合实际发展情况的标准体系。

7.2.2 建设好空间网络中间节点

第一，数字普惠金融的中心城市差异化发展。重庆和四川要打造差异化和网格化的数字普惠金融空间发展格局。以重庆潼南和四川遂宁为例，潼南和遂宁可以发展具有地方特色与中心城市不同的数字普惠金融服务。首先，助力交通提质增效。例如金融机构通过组建专班组，开展送金融服务上门行动和上门对接，积极支持南充至潼南高速遂宁段建设。其次，助力长江实现良好的生态环境保护。通过有效金融服务手段协助遂宁市经济开发区涪江流域治理项目，助推共建遂潼地区森林及生物多样性、水源涵养与水土保持等生态功能区。最后，大力推进绿色金融新兴事业发展，培育起一批优秀绿色产业。通过向遂宁蜂巢动力锂离子电池新项目等市级重点项目提供金融服务，全力支持绿色企业发展进步。

第二，加强毗邻地区跨区域数字普惠金融合作。毗邻地区发展跨区域数字普惠金融合作能形成更大合力，是成渝地区双城经济圈进一步发展融合的必然要求。以重庆潼南和四川遂宁为例，毗邻地区发展跨区域数字普惠金融合作可以从推动两地政府发挥更大合力、构建金融机构数据共享管理机制、推进两地合作开展金融创新这 3 个方面来入手。首先，推动两地政府发挥更大合力。两地政府要为两地普惠金融一体化发展做出顶层制度设计，消除金融要素在两地区流动的政策障碍。其次，推动两地加快构建包含主要大型金融机构数据共享管理机制，解决两地数字普惠金融跨区域合作的信息不对称和不完全问题。最后，推动两地合作开展金融创新。两地金融机构要根据其经济发展客观情况，适度开展金融创新合作，服务两地中小微企业以及乡村振兴等普惠金融领域需求。

第三，增强对邻近地区的数字普惠金融服务。开展和强化对邻近地区的数字普惠金融服务可以实现对现有闲置金融资源的充分利用，推动两地经济发展。以重庆潼南和四川遂宁为例，增强对邻近地区的数字普惠金融服务可以从精准施策发力、拓宽服务模式和优化服务流程这 3 个方面来实现。首先，金融机构要精准施策发力。例如，对那些邻近地区的因突发事件无力还款的中小微企业在审核通过的情况下，积极落实中小微企业临时性延期还本付息政策，助力小微企业恢复正常。其次，加快推进金融服务模式创新与研发。持续性推进新品研发进度速度与互联网产品推广力度提升，优化银税互动系统，拓宽数字普惠金融服务模式。最后，不断优化服务流程。如建立一套限时服务制度标准体系，明确调查、审查与审批等流程服务时间限制，最大化减少各中小微企业贷款的办理环节。

7.2.3 重视网络边缘地带的发展

第一，积极推动传统金融转型发展。数字技术使得传统金融的服务成本更低、覆盖范围以及服务对象更广。传统金融可以通过积极利用数字技术、加快数字金融基础设施建设以及创新金融监管工具来实现。首先，要积极利用数字技术。推动互联网、人工智能和大数据等数字技术的推广和应用，实现金融机构的数字化转型。其次，要加快数字金融基础设施建设。推动5G基础设施、数据中心、数据库等数字金融基础设施的建设，为金融机构的数字化转型创造良好的物理环境环境。最后，要积极建立、完善与创新金融服务监管制度体系。在原有的监督体系上注重强化其数字渠道管理，研发与创立起符合新时代智能信息社会的机制体系，促进对信息披露以及风险评估实施智能化监管，持续性提升监管机构管理监督的专业水平与监督透明性。

第二，加强数字普惠金融应用推广。随着数字技术与金融服务的融合程度逐渐加深，在现实生活中应用数字普惠金融在的场景不断增加。金融机构可以从打造体系化的金融产品、发挥助推作用以及融入社会治理这3个方面去加强数字普惠金融应用推广。首先，致力打造多层次、多维度的金融体系产品，弥补以往金融产品单一化、扁平化的缺陷。其次，善于利用数字普惠金融的辅助作用。通过推动银行等金融机构和财政、税务等部门之间信息互通来弥补政府或社会组织的不足之处。最后，注重与社会治理相融合。既要保障普惠金融服务各需求群体同时也要善于将其与社会整体治理相结合，不断发挥对社会整体发展起着积极作用的积蓄能量。

第三，与邻近城市开展金融的合作。随着成渝地区双城经济圈的合作加深，如万州和达州这样的邻近城市可以以此为契机，全方位、宽领域、多角度地互相学习借鉴，深化交流合作。两地的交流与合作可以从以下几方面展开。首先，推动两地主要金融机构互联互设。鼓励和引导两地主要的银行、证券、保险、信托等金融机构互相设立分支机构、营业网点等，根据社会经济发展实际提供个性化金融产品。其次，联合开展金融投资促进活动。双方积极为对方在本地举办金融产业投资交流活动，两地互相为其金融工作部门和国有金融机构提供金融业务研讨、项目合作洽谈、举办金融沙龙等服务。最后，深化金融人才培养交流合作。支持和引导两地金融行业研究机构、专家学者开展多渠道交流合作，加强金融资源共享，促进两地金融学术成果交流、高校学科共建、高层次人才交流。

7.3 增强空间网络连接密度

7.3.1 促进跨区域的普惠金融合作

第一，推动普惠金融产品与服务合作创新。川渝两地推动普惠金融产品与服务合作创新可以从以下方面入手。首先，建立健全成渝地区双城经济圈的普惠金融合作制度。在遵循政府引导，政策共享的前提下，积极发挥地方政府和金融管理部门的引导推动作用，建立健全成渝地区双城经济圈的普惠金融合作制度，尽力破除行政壁垒，优化和完善川渝两地普惠金融产品与服务合作创新的政策环境，为区域普惠金融产品与服务合作创新的开展营造良好氛围。其次，推动川渝两地商业银行等金融机构加快普惠金融产品和服务的创新迭代。围绕高新技术企业、科技型中小企业、专精特新企业等，持续完善和创新科普惠金融产品和服务。例如，推出科创贷款、产业链服务贷款、现金管理等方面的产品。同时，为了促进科技人才安家乐业、创新创业等主线，推出人才贷、创业贷等信用产品。最后，打造和完善针对科创企业的全周期产品体系。完善科创企业分类管理体系，帮助符合相关规定的初创期科创企业获得首贷，加强对成长期科创企业的融资支持，保障成熟期科创企业的合理融资需求得到有效满足，并为其提供上市规划、债券承销、财务顾问等综合性服务。

第二，普惠金融机构加强业务活动的交流。在成渝地区双城经济圈的背景下，川渝两地的主要金融机构应该加强数字普惠金融业务的交流，不断提升数字普惠金融服务水平。首先，相关单位要积极牵头建立金融机构之间信息交流、业务交流的平台，相互学习普惠金融经验，不断提升数字普惠金融服务水平。其次，在信息和业务交流平台建立的情况下，循序渐进地开展数字普惠金融业务技能训练活动。要依托平台，开展"数字普惠金融业务能力练兵活动"，以测带训，以训促升。保证业务技能训练和测评工作有计划、有组织、有重点、有效率地深入开展。最后，金融机构之间要加强在各地区域发展规划、政府担保贷款、项目否决和授信调整等方面的沟通与交流，同时加强与宏观部门和地方政府的联络、沟通和协调。

第三，以跨区域产业分工深化普惠金融合作。随着川渝的跨区域产业分工体系逐渐深化和完善，必须要有与之相适应的普惠金融合作。首先，要鼓励与跨区域产业发展更为密切的金融机构及分支机构进入重庆主城和成都，进一步健全产业金融体系。对新引进或新设立的符合相关规定的银行、证券公司、保险公司、金融租赁公司等金融机构按其自身规模大小以及投资金额数目给予一次性开办费和补助。同时，鼓励对跨区域产业分工支撑力度强的地方金融组织落地。对经两地地方金融监督管理局批准新引进或新设立且股东为大型制造企业、大型实体企业集团、大型国有集团的融资租赁公司、商业保理公司等同样给予一次性开办费和补助。其次，鼓励投资机构按区域产业分工集聚发展，鼓励新引进和新设立的金融机构加大对当地产业和项目的投资力度。同时按照相关金融机构对其所在区域的产业投资行为、项目投资情况和经济贡献度等给予一定的奖励。最后，鼓励商业保险理财、融资租赁等金融机构发展壮大，强化其对区内产业链、供应链的支撑作用，以保证相关产业稳定和高质量发展。鼓励开展商业保险、理财以及融资租赁业务，区内商业保险、理财以及融资租赁公司为本区企业提供商业保险、理财和融资租赁业务的，按对本区企业开展的实际交易合同额给予奖励。

7.3.2 推进数字支持技术互联共享

第一，加快普惠金融领域数字技术合作研发。为了更广泛地覆盖客户群体、推出更加多样化的普惠金融产品，金融机构之间、金融机构与金融科技企业之间应该加强合作与交流。首先，金融机构之间要合作建立数字普惠金融的互联互通系统，创新金融服务方式，实现普惠金融服务全渠道输出，支撑无边界的客户服务。其中，渠道层要支持网银、掌银以及其他合规第三方 App 等多渠道触达访问；接入层要构建软件开发工具、应用程序接口等技术体系，支持合作方无门槛对接；服务层要提供包括开户、签约、支付、理财在内的标准化服务。其次，合作打造移动作业引擎，支撑移动服务无界。基于移动设备的定位服务、影像采集、生物识别等特性，解决征信授权、身份鉴别、合同面签等业务痛点难点。最后，合作打造基于大数据和人工智能的创新服务平台。利用大数据技术，发掘客户金融需求、生产经营状况和风险合规情况等特征。同时，通过人工智能引擎，在单一产品服务基础上，向客户推荐既贴合客户需求又满足银行风控要求的产品组合。

第二，深化城市间数字基础设施建设合作。数字基础设施能够有效打破信息界限、知识界限、空间界限，促进供需互动、产业升级等。深化城市间数字基础设施建设合作是推进数字普惠金融持续稳定发展的关键一步。首先，要合理平衡需求与发展，尽快推进科学规划建设步伐。川渝两地应结合两地的经济和产业发展实际、民生需求，有步骤、有重点地推进数字基础设施建设合作，逐步实现数字基础设施的全面建设。同时，对于大数据中心、云计算中心以及区块链中心等关键基础设施做好超前部署，为未来的频繁和高度使用打下良好的基础。其次，要研究数字基础设施的市场主体投资模式，推动多个市场主体共参共建共享。在充分发挥政府主导前期建设的保障性作用，循序渐进地激励市场主体发挥其投资共建功能，集中建设一批优质数字基础设施，为市场主体的良性发展创造优质的条件。最后，要强化相关单位的监督职能，处理好效率与安全的关系。两地全面推进数字基础设施建设合作，涉及多部门和多主体，因此各地区要统筹协调，牢记风险意识，应对与解决好相应的安全生产与技术风险问题，从制度、程序上探索新型监督评价机制，兼顾数字基础设施的建设效率与建设安全。

7.4 政府做好制度保障工作

7.4.1 合作制定数字普惠金融战略

第一，重庆和四川合作制定数字普惠金融专项战略规划。一是加强成渝地区双城经济圈金融市场互联互通。推进川渝两地区域性资本市场合作，共同打造私募基金西部高地。鼓励金融要素市场扩大交易规模、丰富交易品种，推进要素的市场化配置和跨区域流动，探索构建统一的国有产权和公共资源、农村产权等要素交易市场。探索“川渝共同产权市场”平台，鼓励商品类交易场所开展战略合作，共建具有区域影响力的大宗商品现货交易平台，打造“一带一路”进出口商品集散中心。二是加强区域金融政策协同。建立成渝地区双城经济圈联合授信机制，畅通跨区域信贷资源流通渠道，搭建区域一体化信息平台。探索建立一体化、市场化的成渝地区征信体系，引导征信机构、评级机构合作和重组。健全利益联结机制，支持在有条件的区域共同组建投资集团、设立投资基金，建立财税收益分享模式和统计分算方式。共同推动金融“放管服”改革，进一步落实公平竞争审查制度，加快清理妨碍统一市场和公平竞争的规定。三是加强金融基础设施衔接。争取在成渝地区双城经济圈开展异地开立企业外债账户取消事前核准试点。推进支付体系一体化建设，拓展移动支付使用范围。推动有条件的商品及期货交易所设立交易系统备份中心、研发中心和业务分中心，鼓励和支持国内外金融机构在成渝地区建设信息化平台、信息服务中心、数据备份中心和研发中心。有序推进成渝地区金融统计数据共建共享共用，搭建金融综合统计数据共享平台，畅通数据收集渠道。

第二，川渝两地金融机构做好数字普惠金融发展专项战略。加强川渝两地金融机构跨区域协作。探索成渝金融服务一体化和同城化试点，鼓励金融机构在成渝地区双城经济圈内统筹布局，提供同城化、便捷化服务。强化两地金融机构在项目规划、项目评审评级、授信额度核定、信贷管理及风险化解等方面合作，推动毗邻地区金融协作。推进保险承保理赔服务跨区域标准化建设，探索保险理赔通赔通付制度。推动担保、不良资产处置、创业投资和私募股权投资跨区域合作。

7.4.2 政府继续加强政策支持力度

第一，加大发展数字普惠金融的财政投入。一是加大资金投入以完善普惠金融基础设施。首先，地方建立普惠金融服务中心，通过线下、线上入驻金融机构，如本地银行、证券、保险和投资公司等，并率先与部分银行开展深度合作。其次，针对农村地区，加大设立银行业机构乡镇营业网点，如 ATM 自主存取款设施助力农村居民存取款服务，方便居民在居住村庄就近办理存取款、查询等金融业服务事项。最后，加大资金对农村信用环境的不断优化，通过建设中小微企业和农户征信数据库，收集中小微企业信息、农户信用信息，极大提高融资增信能力。二是加大发展数字普惠金融的科技投入。首先，大力倡导各商业银行金融机构加大对新兴科技如大数据、人工智能等资金投入，不断提升金融客户量、提高有效贷款效率以及创新风险评估机制。其次，致力推进金融机构资金投放数字化转型，聚焦线上线下联动发展，最大程度上满足中小微企业在信用贷款、投资理财等方面的金融基准需求。最后，各地方金融机构要善于利用技术革新带来的发展优势，不断推进信贷业务流程、准入门槛以及金融产品研发等工作的优化、创新与推广，最大化提升地方区域金融服务的便捷性、透明性与完善性。三是加大数字普惠金融对农村正向引导财政投入。首先，推进政策性金融与乡村振兴战略的深度融合，合力打造“数字乡村”，夯实数字普惠金融在农村区域的发展硬条件。其次，聚合各金融机构主体，构建“乡村信用”，为数字普惠金融在农村奠定发展基础保障。最后，建设与打通各涉农基础数据平台，加快完善信息共享机制，构建“共享乡村”，为数字普惠金融在农村区域发展最大化降低信息成本。

第二，加强数字技术和金融人才的培养力度。一方面是推进高层次平台载体建设以加强技术升级。如大力推进成渝地区双城经济圈大数据交易中心建设，构建全国西南片区数字经济发展带，并不断加强与周边区域数字经济带交流、合作，致力打造集大数据生产、大数据科研以及大数据应用一体化的成渝地区双城经济圈大数据产业化基地。另一方面，加快引进诸如阿里巴巴、华为、中兴等国内高技术水平大企业入驻，不断推进与国际国内顶尖企业合作，进而通过产业积聚吸引高素质综合性人才，打造数字普惠金融“人才高地”。另外加强金融人才教育培训方面的投入，调动行业与产学研各方面的积极性。一方面，倡导高校实施专项人才倾斜计划，尤其是招生规模、师资培养等方面进行专项规划，进而为成渝地区双城经济圈数字普惠金融发展提供充足后备力量。此外，针对高校开设有数字金融相关专业，通过加大投入和引导各类资源倾斜等措施，进一步推进一流学科建设，不断提高学科人才培育水平。另一方面，加强政府和企业对数字人才培养的主体作用。进一步推进单一型专业人才向复合型人才转变，同时注重理论知识、业务经验与管理能力等深度融合，从根本上培养引领行业发展的数字型人才。

参考文献

[1] Baldwin R E, Martin P. Agglomeration and Regional Growth [C]. Handbook of Regional and Urban Economics. Elsevier, 2004, 4: 2671 -2711.

[2] Baldwin R E. Agglomeration and Endogenous Capital [J]. European Economic Review, 1999, 43: 253 -280.

[3] Beck T, Pamuk H, Ramrattan R, et al. Payment Instruments, Finance and Development [J]. Journal of Development Economics, 2018, 133: 162 -186.

[4] Belotti F, Hughes G, Mortari A P. Spatial Panel - data Models Using Stata [J]. The Stata Journal, 2017, 17 (1): 139 -180.

[5] Bourdieu P. The Force of Law: Toward a Sociology of the Juridical Field [J]. The Hastings Law Journal, 1987, 38: 805 -853.

[6] Cerina F, Pigliaru F. Agglomeration and Growth in the NEG: a Critical Assessment [C]. New Directions in Economic Geography, Edward Elgar , 2007: 130 - 167.

[7] Dagum C. A New Approach to the Decomposition of the Gini Income Inequality Ratio [J]. Empirical Economics, 1997, 22: 515 -531.

[8] Demirgüç - Kunt A, Levine R. Finance and Inequality: Theory and Evidence [J]. Annual Review of Financial Economics, 2009, 1 (1): 287 -318.

[9] Dupas P, Robinson J. Savings Constraints and Microenterprise Development: Evidence From a Field Experiment in Kenya [J]. American Economic Journal: Applied Economics, 2013, 5 (1): 163 -92.

[10] Emirbayer M, Goodwin J. Network Analysis, Culture, and Problem of Agency [J]. American Journal of Sociology, 1994, 99: 1411 -1454.

[11] Gabor D, Brooks S. The Digital Revolution in Financial Inclusion: International Development in the Fintech era [J]. New Political Economy, 2017, 22 (4): 423 - 436.

[12] Greenwood J, Sanchez J M, Wang C. Quantifying the Impact of Financial Development on Economic Development [J]. Review of Economic Dynamics, 2013, 16 (1): 194 - 215.

[13] Ivatury G. Using Technology to Build Inclusive Financial Systems [C]. New Partnerships for Innovation in Microfinance. Springer Berlin Heidelberg, 2009: 140 - 164.

[14] Karlan D, Zinman J. Expanding Credit Access: Using Randomized Supply Decisions to Estimate the Impacts [J]. The Review of Financial Studies, 2010, 23 (1): 433 - 464.

[15] Kodan A S, Chhikara K S. A Theoretical and Quantitative Analysis of Financial Inclusion and Economic Growth [J]. Management and Labour Studies, 2013, 38 (1 - 2): 103 - 133.

[16] Martin P, Ottaviano G I P. Growth and Agglomeration [J]. International Economic Review, 2001, 42 (4): 947 - 968.

[17] Parzen E. On Estimation of Probability Density Function and Mode [J]. Annals of Mathematical Statistics, 1962, 33 (3): 1065 - 1076.

[18] Rosenblatt M. Remarks on Some Nonparametric Estimates of a Density Function [J]. Annals of Mathematical Statistics, 1956, 27 (3): 832 - 837.

[19] Sala - i - Martin X X. The Classical Approach to Convergence Analysis [J]. The Economic Journal, 1996, 106 (437): 1019 - 1036.

[20] Sarma M, Pais J. Financial Inclusion and Development [J]. Journal of International Development, 2011, 23 (5): 613 - 628.

[21] Scott J. Social Network Analysis: A Handbook [M]. Sage Publications, 2000.

[22] Wellman B , Berkowitz S D. Social Structures: A Network Approach [M]. Cambridge: Cambridge University Press, 1988.

[23] White H C, Boorman S A, Breiger R L. Social Structure from Multiple Networks. I. Blockmodels of Roles and Positions [J]. American Journal of Sociology, 1976, 81 (4): 730 – 780.

[24] Yamamoto K. Agglomeration and Growth with Innovation in the Intermediate Goods Sector [J]. Regional Science and Urban Economics, 2003, 33 (3): 335 – 360.

[25] 安博文，刘红卫，李晓天，侯震梅，王晓斌. 中国数字普惠金融的空间分异与时空演化研究——基于城市群视角 [J]. 财经理论研究，2022 (1): 54 – 70.

[26] 白俊红，蒋伏心. 协同创新、空间关联与区域创新绩效 [J]. 经济研究，2015 (7): 174 – 187.

[27] 包卿，浦徐进. 优化都市圈发展模式 服务新发展格局 [EB/OL]. (2022 – 6 – 15) http: //www. njdaily. cn/news/2022/0615/4463689348286580161. html.

[28] 北京大学数字金融研究中心课题组. 北京大学数字普惠金融指数 [R]. 北京大学数字金融研究中心，2021.

[29] 博鳌亚洲论坛研究院. 亚洲金融发展报告——普惠金融篇 [M]. 北京：对外经济贸易大学出版社，2020.

[30] 布朗. 原始社会的结构与功能 [M]. 北京：中央民族大学出版社，1999.

[31] 蔡强，王啟文. 区域金融集聚的形成机制与空间溢出效应 [J]. 学习与探索，2023 (7): 96 – 107.

[32] 陈向阳. 粤港澳大湾区金融集聚对技术创新的影响机制及政策建议 [J]. 经济问题探索，2021 (5): 165 – 176.

[33] 陈银娥，孙琼，徐文赟. 中国普惠金融发展的分布动态与空间趋同研究 [J]. 金融经济学研究，2015, 30 (6): 72 – 81.

[34] 陈银娥，尹湘，金润楚. 中国农村普惠金融发展的影响因素及其时空异质性 [J]. 数量经济技术经济研究，2020, 37 (5): 44 – 59.

[35] 程翔，杨小娟，张峰. 区域经济高质量发展与科技金融政策的协调度研究 [J]. 中国软科学，2020 (S1): 115 – 124.

[36] 戴志敏，余志伟，郭露. 数字普惠金融与科技创新的空间耦合关联及协调性研究 [J]. 中国科技论坛，2023 (5)：59 – 68.

[37] 邓亚昊. 互联网金融助力成渝经济圈的小微企业融资问题研究 [J]. 商场现代化，2023 (8)：94 – 96.

[38] 杜敏哲，黄杰. 中国数字普惠金融的发展差异测度、来源分解与形成机理 [J]. 广东社会科学，2023 (1)：57 – 67.

[39] 甘星，甘伟. 金融集聚对经济增长的影响及行业异质性——基于粤港澳大湾区的实证研究 [J]. 宏观经济研究，2020 (7)：33 – 46.

[40] 高凤莲，段会娟. 产业集聚与经济增长研究综述 [J]. 科技进步与对策，2010，27 (24)：147 – 150.

[41] 高一铭，徐映梅，季传凤，钟宇平. 我国金融业高质量发展水平测度及时空分布特征研究 [J]. 数量经济技术经济研究，2020，37 (10)：63 – 82.

[42] 葛和平，朱卉雯. 中国数字普惠金融的省域差异及影响因素研究 [J]. 新金融，2018 (2)：47 – 53.

[43] 郭峰，王靖一，王芳，孔涛，张勋，程志云. 测度中国数字普惠金融发展：指数编制与空间特征 [J]. 经济学 (季刊)，2020，19 (4)：1401 – 1418.

[44] 郭妍，张立光，王馨. 农村数字普惠金融的经济效应与影响因素研究——基于县域调查数据的实证分析 [J]. 山东大学学报 (哲学社会科学版)，2020 (6)：122 – 132.

[45] 胡滨. 数字普惠金融的价值 [J]. 中国金融，2016 (22)：58 – 59.

[46] 胡宏兵，田乾，黄莹玉. 我国保险业区域发展协调度评价实证研究 [J]. 宏观经济研究，2012 (5)：47 – 55.

[47] 韩景旺，李林汉. 中国省际金融创新的空间关联及影响因素分析 [J]. 统计与决策，2023 (20)：136 – 140.

[48] 华桂宏，陈雨佳. 金融集聚、科技创新与城市经济韧性 [J]. 华东经济管理，2022，36 (5)：48 – 56.

[49] 化祥雨，杨志民，叶娅芬. 金融空间联系与经济增长关系——基于

江苏省县域的实证研究 [J]. 经济地理, 2016, 36 (3): 32-40.

[50] 黄建欢, 吕海龙, 王良健. 金融发展影响区域绿色发展的机理——基于生态效率和空间计量的研究 [J]. 地理研究, 2014, 33 (3): 532-545.

[51] 黄益平. 数字普惠金融的机会与风险 [J]. 新金融, 2017 (8): 4-7.

[52] 黄益平. 关于中国数字金融创新与发展的几个观点 [J]. 新金融, 2021 (11): 3-5, 36.

[53] 黄益平, 黄卓. 中国的数字金融发展: 现在与未来 [J]. 经济学(季刊), 2018, 17 (4): 1489-1502.

[54] 黄益平, 陶坤玉. 中国的数字金融革命: 发展、影响与监管启示 [J]. 经济学 (季刊), 2019 (6): 24-235, 5.

[55] 贾立, 赵罗红, 汤敏. 印度普惠金融发展的测度及评价 [J]. 南亚研究季刊, 2016 (3): 66-72, 5-6.

[56] 江红莉, 蒋鹏程, 黄丹晓. 金融集聚、消费升级与经济增长质量 [J]. 宏观质量研究, 2023 (1): 27-37.

[57] 蒋庆正, 李红, 刘香甜. 农村数字普惠金融发展水平测度及影响因素研究 [J]. 金融经济学研究, 2019, 34 (4): 123-133.

[58] 焦瑾璞, 黄亭亭, 汪天都, 张韶华, 王瑱. 中国普惠金融发展进程及实证研究 [J]. 上海金融, 2015 (4): 12-22.

[59] 焦云霞. 中国数字普惠金融的空间不平衡性与成因探究——基于国家重大战略区域的考察 [J]. 技术经济, 2022, 41 (4): 107-119.

[60] 焦云霞. 中国数字普惠金融: 发展逻辑、时空格局与区域差异 [J]. 兰州大学学报 (社会科学版), 2022 (3): 52-66.

[61] 孔祖根, 叶银龙. 数字普惠金融的丽水实践 [J]. 中国金融, 2016 (22): 54-55.

[62] 李标, 宋长旭, 吴贾. 创新驱动下金融集聚与区域经济增长 [J]. 财经科学, 2016 (1): 88-99.

[63] 李婵娟, 吕优, 钟雨欣. 长江经济带数字普惠金融发展的区域差异、动态演进与收敛性考察 [J]. 统计与决策, 2022 (20): 132-138.

[64] 李国龙, 黄丹艺, 朱宁. 数字普惠金融对中小企业转型升级 del 影

响与机制［J］. 经济与管理研究，2023（8）：38－54.

［65］李红，王彦晓．金融集聚、空间溢出与城市经济增长——基于中国286个城市空间面板杜宾模型的经验研究［J］. 国际金融研究，2014（2）：89－96.

［66］李景睿，侯卓君．先富地区带动了共同富裕吗？——基于数字普惠金融的空间溢出效应［J］. 南方金融，2023（5）：70－85.

［67］李敬，陈澍，万广华，等．中国区域经济增长的空间关联及其解释：基于网络分析方法［J］. 经济研究，2014（11）：4－16.

［68］李林，丁艺，刘志华．金融集聚对区域经济增长溢出作用的空间计量分析［J］. 金融研究，2011（5）：113－123.

［69］李林汉，李建国．数字普惠金融、经济开放对经济高质量发展的非线性效应［J］. 统计与决策，2022，38（11）：104－108.

［70］李梦程，王成新，刘海猛，王瑞莉，于尚坤．黄河流域城市发展质量评价与空间联系网络特征［J］. 经济地理，2021（12）：84－93.

［71］李明贤，郑洲舟，陈铯．县域数字普惠金融发展的空间格局演化与影响因素分析——以湖南省为例［J］. 经济地理，2021，41（8）：136－143.

［72］李琴，范丹．川渝数字普惠金融对城乡收入差距的影响研究——基于空间杜宾模型［J］. 决策咨询，2022（2）：84－89，96.

［73］李牧辰，封思贤，谢星．数字普惠金融对城乡收入差距的异质性影响研究［J］. 南京农业大学学报（社会科学版），2020（3）：132－145.

［74］李琼，张蓝澜，李松林，刘毅．中国普惠金融发展水平时空演变特征及影响因素［J］. 经济地理，2021，41（9）：12－21.

［75］李天籽，韩沅刚．武汉城市圈科技金融效率时空特征与趋同演化分析［J］. 经济地理，2022（1）：61－69.

［76］李彦，张茹琪，曹宇芙．数字金融对成渝地区双城经济圈高质量发展的影响［J］. 工业技术经济，2022（5）：144－152.

［77］李云燕，张硕．中国绿色金融发展的时空格局变迁与关联网络演化［J］. 当代经济管理，2023（11）：76－87.

［78］廖婧琳，胡妍，项后军．数字普惠金融发展缓解了企业融资约束

吗？——基于企业社会责任的调节效应［J］．云南财经大学学报，2020，36（9）：73－87.

［79］蔺鹏，孟娜娜．中国城市群数字金融发展的时空分布及动态演进［J］．河北金融，2023（7）：41－49.

［80］刘程军，周建平，蒋建华，王周元晔．区域创新与区域金融耦合协调的格局及其驱动力——基于长江经济带的实证［J］．经济地理，2019（10）：94－103.

［81］刘传明，王卉彤，魏晓敏．中国八大城市群互联网金融发展的区域差异分解及收敛性研究［J］．数量经济技术经济研究，2017，34（8）：3－20.

［82］刘丹，方锐，汤颖梅．数字普惠金融发展对农民非农收入的空间溢出效应［J］．金融经济学研究，2019，34（3）：57－66.

［83］刘钒，马成龙．绿色金融影响区域经济高质量发展的耦合协调研究［J］．江西社会科学，2022，42（6）：42－52.

［84］刘晗，余熠帆．成渝地区双城经济圈科技创新对数字普惠金融发展影响研究［J］．创新科技，2022（7）：56－66.

［85］刘晗，余熠帆．成渝地区双城经济圈数字普惠金融发展时空分异及收敛性研究［J］．当代金融研究，2022（7）：26－38.

［86］刘华军，刘传明，孙亚男．中国能源消费的空间关联网络结构特征及其效应研究［J］．中国工业经济，2015（5）：83－95.

［87］刘倩，朱书尚，吴非．城市群政策能否促进区域金融协调发展？——基于方言视角下的实证检验［J］．金融研究，2020（3）：39－57.

［88］刘小瑜，余海华．中国省际绿色发展的空间关联及溢出效应［J］．江西财经大学学报，2020（3）：14－24.

［89］刘原宏，杨治辉．数字普惠金融省域发展特征及影响因素研究［J］．统计与决策，2023（39）：139－144.

［90］罗春玲，玉国华，王定祥．数字普惠金融能促进共同富裕吗？［J］．金融论坛，2023（7）：47－57.

［91］罗艺婷，唐青生，李秋林．金融集聚影响居民消费升级的空间效应

[J]. 经济地理，2023 (8)：31 –38.

[92] 马丽春. 数字普惠金融发展的国际经验及对我国的启示 [D]. 云南财经大学，2019.

[93] 潘爽，叶德珠，叶显. 数字金融普惠了吗——来自城市创新的经验证据 [J]. 经济学家，2021 (3)：101 –111.

[94] 彭十一. 日本中小企业融资的政策性扶持及启示 [J]. 商业时代，2007 (35)：42 –44.

[95] 钱海章，陶云清，曹松威，曹雨阳. 中国数字金融发展与经济增长的理论与实证 [J]. 数量经济技术经济研究，2020，37 (6)：26 –46.

[96] 任海军，王艺璇. 乡村振兴战略下的西部数字普惠金融效率测度及影响因素研究 [J]. 兰州大学学报（社会科学版），2021 (5)：40 –48.

[97] 任会明，叶明确，余运江. 中国三大城市群金融网络空间结构与演化特征 [J]. 经济地理，2021 (12)：63 –73.

[98] 任晓怡. 数字普惠金融发展能否缓解企业融资约束 [J]. 现代经济探讨，2020 (10)：65 –75.

[99] 沈丽，刘媛，李文君. 中国地方金融风险空间关联网络及区域传染效应：2009 –2016 [J]. 管理评论，2019，31 (8)：35 –48.

[100] 宋诚，李季刚. 成渝城市群数字金融发展赋能经济高质量发展的空间效应分析 [J]. 西部经济管理论坛，2022 (1)：9 –19.

[101] 宋湘燕，钱思佳. 央行专家：美国数字金融发展及启示 [EB/OL]. (2019 –11 –22) https：//www. secrss. com/articles/15422.

[102] 粟勤，杨景陆. 社会信用如何影响数字普惠金融发展？[J]. 国际金融研究，2023 (9)：29 –39.

[103] 孙玉环，张汀昱，王雪妮，李丹阳. 中国数字普惠金融发展的现状、问题及前景 [J]. 数量经济技术经济研究，2021，38 (2)：43 –59.

[104] 孙志红，王亚青. 金融集聚对区域经济增长的空间溢出效应研究——基于西北五省数据 [J]. 审计与经济研究，2017，32 (2)：108 –118.

[105] 唐松. 中国金融资源配置与区域经济增长差异——基于东、中、西部空间溢出效应的实证研究 [J]. 中国软科学，2014 (8)：100 –110.

[106] 唐亚晖，刘吉舫．普惠金融的理论与实践：国内外研究综述［J］. 社会科学战线，2019（7）：260－265.

[107] 滕磊．数字普惠金融缓解中小企业融资约束的机制与路径［J］. 调研世界，2020（9）：27－35.

[108] 童纪新，张奇．基于社会网络分析法的泛长三角区域经济联系分析［J］. 工业技术经济，2016（10）：38－46.

[109] 万佳彧，周勤，肖义．数字金融、融资约束与企业创新［J］. 经济评论，2020（1）：71－83.

[110] 汪亚楠，谭卓鸿，郑乐凯．数字普惠金融对社会保障的影响研究［J］. 数量经济技术经济研究，2020，37（7）：92－112.

[111] 王彩萍，李建平．国家金融视角下现代金融体系理论的衍化和创新——基于"六要素论"体系的新思考［J］. 金融经济学研究，2022，37（2）：134－145.

[112] 王善高，陈燕齐，田旭．中国数字普惠金融的发展现状及收敛性研究——基于logt检验方法的考察［J］. 兰州学刊，2022（1）：53－66.

[113] 王诗卉，谢绚丽．经济压力还是社会压力：数字金融发展与商业银行数字化创新［J］. 经济学家，2021（1）：100－108.

[114] 王伟．政策性金融视角下的区域金融协调发展研究［J］. 辽宁大学学报（哲学社会科学版），2013（2）：69－75.

[115] 王文静，刘诗琳．金融集聚与区域创新能力耦合协调研究［J］. 经济问题探索，2020（1）：147－155.

[116] 王小华，周韩梅．摆脱路径依赖：金融科技区域差异化发展的逻辑与检验［J］. 当代财经，2023（2）：15－27.

[117] 王一乔，赵鑫．金融集聚、技术创新与产业结构升级——基于中介效应模型的实证研究［J］. 经济问题，2020（5）：55－62.

[118] 吴迎．欧盟中小企业融资政策及其对我国的启示［J］. 生产力研究，2005（6）：148－149.

[119] 谢升峰，尤瑞，汪乐乐．数字普惠金融缓解农村相对贫困的长尾效应测度［J］. 统计与决策，2021，37（5）：5－9.

[120] 谢雪燕，朱晓阳．数字金融与中小企业技术创新——来自新三板企业的证据［J］．国际金融研究，2021（1）：87－96.

[121] 解其昌，柏定川．中国城市数字普惠金融发展的分位数动态收敛研究［J］．统计与信息论坛，2022（9）：48－62.

[122] 熊豪，王琴，黄大勇．数字金融、科技创新对经济增长的影响——基于成渝地区双城经济圈面板数据实证［J］．重庆文理学院学报（社会科学版），2023（3）：67－78.

[123] 星焱．普惠金融：一个基本理论框架［J］．国际金融研究，2016（9）：21－37.

[124] 星焱．农村数字普惠金融的"红利"与"鸿沟"［J］．经济学家，2021（2）：102－111.

[125] 徐欣，董洪超．城市群金融集聚对科技创新的非对称溢出效应研究［J］．经济问题探索，2021（4）：80－91.

[126] 薛畅，何青，张策．银行业的跨地联通与区域协同发展［J］．系统工程理论与实践，2023（1）：1－19.

[127] 杨伟明，粟麟，王明伟．数字普惠金融与城乡居民收入——基于经济增长与创业行为的中介效应分析［J］．上海财经大学学报，2020，22（4）：83－94.

[128] 杨雪．印度普惠金融体系发展实践及对我国的启示［J］．农村金融研究，2011（6）：44－47.

[129] 姚永军，张相文，程倩．区域经济一体化经验研究述评［J］．经济评论，2009（4）：151－158.

[130] 易行健，周利．数字普惠金融发展是否显著影响了居民消费——来自中国家庭的微观证据［J］．金融研究，2018（11）：47－67.

[131] 尹虹潘．成渝城市群空间经济格局与城际经济关联［J］．西南大学学报（社会科学版），2019（5）：44－53.

[132] 于斌斌．金融集聚促进了产业结构升级吗：空间溢出的视角——基于中国城市动态空间面板模型的分析［J］．国际金融研究，2017（2）：12－23.

[133] 喻平，豆俊霞．数字普惠金融、企业异质性与中小微企业创新 [J]．当代经济管理，2020，42（12）：79－87.

[134] 余海华．中国数字经济空间关联及其驱动因素研究 [J]．统计与信息论坛，2021（9）：23－24，44.

[135] 袁鲲，曾德涛．区际差异、数字金融发展与企业融资约束——基于文本分析法的实证检验 [J]．山西财经大学学报，2020，42（12）：40－52.

[136] 张兵，翁辰．农村金融发展的减贫效应——空间溢出和门槛特征 [J]．农业技术经济，2015（9）：37－47.

[137] 张德钢，朱旭森．中国九大城市群数字普惠金融发展的时空差异及动态演进 [J]．当代经济管理，2020，42（12）：88－96.

[138] 张国俊，罗利佳，许志桦，周春山．广东省金融包容时空间演化及城镇化效应 [J]．经济地理，2020，40（12）：137－146.

[139] 张浩然．空间溢出视角下的金融集聚与城市经济绩效 [J]．财贸经济，2014（9）：51－61.

[140] 张晖．县域数字金融发展评价体系和普惠特征研究——兼论与传统普惠金融发展的关系 [J]．农业经济问题，2020（11）：120－130.

[141] 张嘉怡，胡志明．中国城市数字普惠金融发展的时空演化特征及影响因素研究 [J]．西南民族大学学报（人文社会科学版），2022，43（4）：108－118.

[142] 张林．数字普惠金融对民营经济增长的影响效应及异质性 [J]．西南大学学报（社会科学版），2023（5）：116－129.

[143] 张林，李海央，梁义娟．农村金融高质量发展：水平测度与时空演变 [J]．中国农村经济，2023（1）：115－139.

[144] 张林，肖娇．数字普惠金融对新型城镇化的影响研究——以成渝地区双城经济圈为例 [J]．当代金融研究，2023（5）：32－49.

[145] 张龙耀，邢朝辉．中国农村数字普惠金融发展的分布动态、地区差异与收敛性研究 [J]．数量经济技术经济研究，2021，38（3）：23－42.

[146] 张鹏，于伟．基于社会网络分析的我国绿色全要素生产率增长空间特征及其动因研究 [J]．经济问题探索，2017（2）：39－46.

[147] 张前程，宋俊秀，钱力．数字普惠金融与益贫式增长 [J]．管理学刊，2022，35 (3)：55－71.

[148] 张伟．微型金融理论研究 [M]．北京：中国金融出版社，2011.

[149] 张芷若，谷国锋．中国科技金融与区域经济发展的耦合关系研究 [J]．地理科学，2020，40 (5)：751－759.

[150] 张正平，陈杨．人口老龄化影响我国数字普惠金融的发展吗？——基于2011—2018年省级面板数据的实证检验 [J]．财经论丛，2021 (11)：47－57.

[151] 赵丽．数字普惠金融、创新驱动与经济高质量发展 [J/OL]．统计与决策，2022 (15)：104－107 [2022－08－13].

[152] 赵晓鸽，钟世虎，郭晓欣．数字普惠金融发展、金融错配缓解与企业创新 [J]．科研管理，2021，42 (4)：158－169.

[153] 周立，陈彦羽．最优金融空间结构与区域经济协调发展 [J]．河海大学学报 (哲学社会科学版)，2022，24 (3)：60－67＋115.

[154] 周利，冯大威，易行健．数字普惠金融与城乡收入差距："数字红利"还是"数字鸿沟" [J]．经济学家，2020 (5)：99－108.

[155] 周南南，林修宇．金融集聚、技术创新与经济发展——基于面板数据的空间计量分析 [J]．宏观经济研究，2020 (11)：34－48.

[156] 朱玉杰，倪骁然．金融规模如何影响产业升级：促进还是抑制？——基于空间面板 Durbin 模型 (SDM) 的研究：直接影响与空间溢出 [J]．中国软科学，2014 (4)：180－192.

后　记

成渝地区双城经济圈建设作为国家重要区域发展战略，于2020年1月首次在十九届中央财经委员会第六次会议上提出，对于构建区域增长极，引领带动西部地区经济社会发展，全面推动新时代西部大开发形成新格局，具有十分重要的意义。2021年10月，中共中央、国务院印发《成渝地区双城经济圈建设规划纲要》，锚定目标，擘画蓝图，赋予成渝地区双城经济圈建成具有全国影响力的重要经济中心、科技创新中心、改革开放新高地、高品质生活宜居地的战略定位。重庆和四川积极响应党中央号召，携手推动成渝地区双城经济圈建设，印发《重庆四川两省市贯彻落实〈成渝地区双城经济圈建设规划纲要〉联合实施方案》等旨在促进成渝地区双城经济圈发展走深走实的政策文件。截至2024年6月，两省市已召开9次党政联席会议，切实强化沟通，深入开展合作，共唱新时代西部“双城记”，同谱中国式现代化川渝新篇章，着力打造中国经济增长“第四极”。在中央和地方协力推动下，成渝地区双城经济圈发展成效显著，根据2024年3月成渝地区双城经济圈建设川渝统计联席会议公布数据显示，2023年成渝地区双城经济圈实现地区生产总值8.2万亿元，占全国、西部地区的比重分别为6.5%、30.4%，分别较上年提高0.1个、0.3个百分点，经济发展态势良好，引领作用逐步显现。

随着成渝地区双城经济圈建设的深入实施，学术界关于成渝地区双城经济圈研究的热度也在持续升温，越来越多的专家学者关注成渝地区双城经济圈发展问题，掀起一股研究的新浪潮。教育部人文社会科学重点研究基地重庆工商大学成渝地区双城经济圈建设研究院长期致力于川渝两地协同发展问题的研究，深耕数十载，聚力结硕果，从成渝经济区、成渝城市群，再到成渝地区双城经济圈，形成一批高质量的研究成果。本书是成渝地区双城经济圈与区域协调发展丛书的组成部分，因应成渝地区双城经济圈发展的新要求，围绕数字普惠金融发展时空演变及协同路径开展研究，梳理回顾数字普惠金融发展政策轨迹，描述数字普惠金融发展趋势与特征，解构数字普惠金融发展空间网络结构及演进趋势，识别数字普惠金融发展影响因素及空间溢出效应，提出数字普惠金融协同推进的实施路径。在学术领域，为丰富成渝地区双城经济圈领域研究做出贡献。在咨政领域，为政府部门促进成渝地区双城经济圈数字普惠金融发展提出建议。在教学领域，为高等院校区域经济学等课程教育教学工作提供案例。

本书的出版得到教育部人文社会科学重点研究基地重庆工商大学成渝地区双城经济圈建设研究院的资助，在本书撰写过程中，先后得到重庆市教育委员会人文社科重点研究基地项目“新结构经济学视角下成渝地区双城经济圈毗邻区协同发展机制与政策创新研究”（24SKJD111），重庆市教育科学规划课题重点课题“中国式现代化理念下高等教育资源配置路径研究”（K23YD2080093），重庆市教育委员会科学技术研究项目青年项目“重庆高校与区域经济协调发展机理与制度创新研究”（KJQN202300809），重庆市教育委员会高等教育教学改革研究项目“基于中国式现代化理论的经济学专业课程思政链建构与教学模式创新研究”（233273）等研究项目的支持。

尽管作者为本书的研究工作做了较大努力，但受限于研究能力，难免存在诸多错漏和不足之处，恳请学界同仁不吝指导和批评指正！

刘晗

2024 年 6 月